Thymiansenf

Ein kräftiger Kräutersenf mit Kräutern der Provence, bei dem Thymian vordergründig ist. Er wird zur Thüringer Bratwurst empfohlen, wenn man Liebhaber der Thymiannote ist.

„Scharfmacher“

Ein besonders würziger und anregender Senf, gut geeignet für scharfe Fleischgerichte jeglicher Art und kräftige Marinaden, auch ein Teelöffel pur ist nicht zu verachten.

Nordhäuser Doppelkornsenf

Eine Senfvariation mit deutlicher Doppelkornnote; ein Senf, der von Herren bevorzugt wird und sehr vielseitig mit Fleischspeisen kombinierbar ist.

Premiumsenf

Pikanter und feinpigmentierter Senf, für alle Marinadenarten einsetzbar, ebenfalls als herzhafte Würze für Schweine- und Rindfleisch geeignet, wobei die Saucen ein besonders gutes Aussehen erhalten.

Natürlich mit Senf!

Ausgewählte Rezepte,
zu denen der Meisterkoch
seinen Senf gegeben hat.

Honig-Senf
- garantiert steingemahlen -
270 ml
Senf
Premium-Senf
original steingemahlen, scharf
Knoblauch-Senf
- garantiert steingemahlen -
SENFKÖRNER
(Gelbsaat)

Natürlich mit Senf!

**Rezepte
und Wissenswertes
rund um den Senf**

von Herbert Frauenberger
u. a. auch bekannt als
Fernsehkoch

unterstützt von:
der Kunstmühle
Kleinhettstedt/Thüringen

der Traditionsbrauerei
Nordhausen

Köstritzer Schwarzbierbrauerei
Bad Köstritz

Thüros – dem Thüringer
Grillhersteller

Erfurt, November 2005

RBV
Burkhardt

Vorwort

Senf oder Nichtsenf – das ist hier keine Frage

In diesem Büchlein werden Sie erfahren, dass „Senf dazugeben“ anders als in der Redewendung nichts Aufdringliches sein muss. Im Gegenteil.

Einer, der zu vielem seinen Senf dazu gab und dies philosophisch, literarisch, sprachlich so genial zu formulieren wusste, dass er bis heute gern zitiert wird, ist Johann Wolfgang von Goethe. Aber wie es der Zufall will, beim Senf als solchem hielt er sich zurück. Dabei hätten wir ihn gern seinen Senf dazu geben lassen zu den Rezepten seines späteren Nachbarn.

Der Thüringer Herbert Frauenberger kam, nachdem er Berlin („Hauptstadt der DDR“) erfahren und die Weltmeere als Sous-Chef des Traumschiffes „Arkona“ befahren hatte, zurück in die Heimat. Gleich neben Goethes Haus in Weimar, im historischen „Gasthaus zum weißen Schwan“ fand er sein Wirken, entwickelte das Lokal zu einer kulinarischen Adresse, die von Präsidenten und gekrönten Häuptern ebenso besucht wurde wie von Einheimischen und Weimar-Besuchern.

Zweihundert Jahre früher gehörte Hausnachbar Goethe dazu, und auch dessen Gäste nahmen Kost und Logis nicht selten nebenan im Schwan. Zusammen mit Werner Bockholt hat Herbert Frauenberger im „Goethe Kochbuch“ dem Geheimen Rat in die Küche und den Keller geschaut. Auf Senf allerdings sind sie mit Ausnahme der Frankfurter Grünen Soße weder in den Rezepten der hessischen Großmutter noch in der Vorratskammer der Christiane Vulpius gestoßen.

Zwei Jahre zuvor hatte Herbert Frauenberger gemeinsam mit dem Zeichner Dietrich Bauer zwei sehr hübsche Bändchen voller Rezepte und Cartoons unter dem Titel „Mein lieber Schwan“ veröffentlicht. Da ist Feines und Deftiges aus Weimarer Landen, aus Thüringen und von Goethes Italienreisen vereint – aber auch hier wird der Senf noch durchaus stiefkindlich behandelt. Da er – ob aus Altenburg, Erfurt oder Kleinhettstedt im Ilmkreis – zu den Produkten der Region gehört, denen Herbert Frauenberger immer schon zugetan ist, war es nur eine Frage der Zeit, einmal das Senf-Gericht tagen zu lassen.

Und dabei half nun doch noch Johann Wolfgang von Goethe! Der Schwanenwirt hatte gleich nach der Wende zusammen mit der Thüringischen Landeszeitung das Goethe-Weinfest am Weimarer Frauenplan, zu dessen Kulisse Goethehaus und „Weißer Schwan" in Sichtweite gleichermaßen gehören, aus der Taufe gehoben. Ein Geschwisterchen dieser seither jährlichen Festivität war eine vierzehntägige Kolumne des Küchenchefs vom Frauenplan in der TLZ. Die Frauenbergschen Kulinaria, inzwischen aus der Wartburgstadt, gibt es noch heute, wenn auch nur noch einmal im Monat, stets am letzten Samstag, versehen mit dem Konterfei des Gastronomen, obwohl es dieses Wiedererkennungsmerkmals längst nicht mehr bedurfte. 250 Rezeptempfehlungen für Zeitungsleser sind so zusammengekommen – dabei nicht wenige, in denen Senf eine mehr oder weniger große Rolle spielt. Aus diesem Fundus schöpft und diesen Fundus ergänzt Herbert Frauenberger mit neuen kulinarischen Erkundungen zum Thema. Schließlich hat er ein Zigfaches kennen gelernt und reichlich davon ausprobiert, als Patron Weimarer und Bad Köstritzer Hotels, als Küchenchef und Hotelier in seinem Heimatort Tabarz und nunmehr in Eisenach, wo er zusammen mit seiner Partnerin das Hotel „Galleria Frauenberger" betreibt. Viele seiner Rezepte führen die Ortsnamen im Titel, als Hinweis darauf, woher sie rühren, wo sie beste Tradition sind und von ihm ausprobiert, variiert und mitunter als Bestandteil der Küchenkultur unserer Altvordern respektvoll und kundig ins Heute transportiert wurden. Die hessische Spezialität aus dem Hause des Geheimen Rates samt thüringischem Küchensenf gehört da natürlich dazu.

Apropos: Dass ein Koch seinen Senf zu Goethe gibt, ist im vorliegenden Falle durchaus statthaft, denn Herbert Frauenberger und den Dichter verbindet noch etwas: ihr gemeinsamer Geburtstag am 28. August.

Albrecht Brömel,
Thüringische Landeszeitung

Senf
270ml
Scharf
Einzigartig
Naturrein
Frisch
Kunstmühle · 99326 · Kleinhettstedt · Thüringen

Inhaltsverzeichnis Rezepte

Vorspeisen und Salate, denen Senf die besondere Note verleiht

Deftiges aus dem Reich der Thüringer Hausfrauen – natürlich mit Senf!

Senfgerichte sind auch für die feine Küche durchaus salonfähig

Fisch und Senf – immer für eine Überraschung gut

Keine Party und kein Grillfest ohne Senf

Auf die Beigaben kommt es an! Wo man ganz einfach seinen Senf dazu geben sollte.

Kurze Beschreibung der Senfherstellung in der Senfmühle – Kunstmühle Kleinhettstedt / Thüringen

Der Produktionsablauf in der Senfmühle kann wie folgt dargestellt werden:

Das Senfmehl wird aus unentölten Senfkörnern auf einem Walzenstuhl in der Getreidemühle gemahlen.

Senfmehl muss immer frisch zur eigentlichen Senfherstellung gelangen.

Senfmehl wird mit Wasser, Gewürzen, Essig und ggf. Wein gemaischt.

Dieser Prozess läuft in einem Behälter unter ständigem Rühren sehr langsam und zeitintensiv ab.

Die fertige Maische wird anschließend schonend bei niedrigen Drehzahlen auf Nassmahlgängen (diese sind mit Mühlsteinen ausgestattet) gemahlen.

Es kommt im Gegensatz zur industriellen Herstellung zu keinen schädlichen Erwärmungen. Deshalb bleiben alle Inhaltsstoffe in voller Güte erhalten.

Bei der industriellen Herstellung kommt es durch hohe Temperaturentwicklungen zu gravierenden Qualitätsverlusten.

Der fertige Senf wird in Keramiktöpfe abgefüllt, in denen er mehrere Tage zum Reifen ruht.

Während dieser Zeit entwickelt sich der charakteristische und würzige Geschmack, wobei für die besondere Note das enthaltene Sinigrin verantwortlich ist.

Die schonende Herstellung des Senfes sowie der Einsatz nichtentölter Senfsaat verhindert das Ranzigwerden und schnell einsetzende Geschmacksreduzierungen.

Das wichtige Thokopherol (Vitamin E) bleibt in seiner Gesamtheit erhalten.

Sinalbin, das in der gelben Senfsaat enthalten ist, entwickelt die bekannte heilende Wirkung.

Die Senfmühle Kleinhettstedt

Zwischen Weimar und Ilmenau, ca. 20 Kilometer von Erfurt entfernt gelegen, im 16. Jahrhundert erstmals erwähnt, seit 1732 in Familienbesitz, größeres Mühlengehöft bis 1914 mehrfach erweitert, früher Getreide-, Öl-, Gips-, Senf- und Sägemühle, seit Ende des 19. Jahrhunderts nur noch Getreidemühle. Komplette Mühleneinrichtung mit 18 Walzenstühlen und Wasserkraftnutzung. Nach der Einstellung des Mahlbetriebes 1990 wurde zur Wiederbelebung 1999 auf die Geschichte zurückgegriffen und die Tradition der Senfmüllerei wieder aufgenommen. Unter Verwendung von zwei Senfsteinmahlgängen können hochwertige Senfe hergestellt werden. Die in Thüringen angebaute Senfsaat wird in der Mühle über einen Glatt-

walzenstuhl zu Senfmehl vermahlen und anschließend in der Senfmühle nach einem Vermaischungsprozess pastös mehrfach über die Senfmahlgänge zu dem Endprodukt verarbeitet. Der gesamte Herstellungsprozess vollzieht sich bei niedrigen Temperaturen und sorgt damit dafür, dass wichtige Wirkstoffe des Senfes voll erhalten bleiben. Das unter Denkmalschutz stehende Gesamtensemble mit seiner technischen Einrichtung kann nach telefonischer Absprache besichtigt werden.

Tipps und kleine Tricks beim Kochen und Umgang mit Senf

Das Thema Senf scheint unerschöpflich zu sein. Auch mit diesem speziellen Senfkochbuch kann unmöglich alles Wissenswerte behandelt werden. Natürlich gibt es eine Unmenge weiterer Senfrezepte, die das Nachkochen lohnen. Immer wieder kommen neue Kreationen dazu. Unlängst las ich, dass Erdbeeren mit Senfsauce von namhaften Persönlichkeiten hoch gepriesen wurden. Das Kochen und der Umgang mit Senf bereiten also eine Menge Freude. Dennoch gibt es noch einige Tipps und Tricks, die ich zu Beginn gern weitergebe in der Hoffnung, dass sie noch kein „kalter Kaffee“ sind:

Senf ist im Allgemeinen bei richtiger Lagerung bis zu einem Jahr haltbar. Er sollte kühl, luftdicht verschlossen und dunkel aufbewahrt werden. Normale Küchenraumtemperatur kann die Schärfe des Senfes mildern, deshalb sollte das Senfgefäß besser im Kühlschrank aufbewahrt werden. Ist das Gefäß nicht fest verschlossen, kann Austrocknung zu Aromaverlust führen.

Einige Körner Salz auf den Senf gestreut verhindert dessen Austrocknen.

Etwas Senf an das Hackfleisch für Hacksteaks, Bouletten, Frikadellen oder Klopse macht diese würziger.

Benötigt man zur Käseplatte einen Dip, empfehle ich, Senfmehl mit wenig Wasser zu vermischen, etwas durch ein Sieb gestrichene Preiselbeeren und Marmelade von roten Früchten zuzugeben. Alles gut miteinander verrühren oder im Mixer mischen.

Senf sollte immer mit einem sauberen Löffel aus dem Gefäß genommen werden. Kommen z. B. Butter oder Marmelade in den Senf, wird er schnell ranzig und sauer.

Vor dem Verschließen des Senfgefäßes sollte die Senfoberfläche glatt gestrichen werden. So trocknen die Ränder nicht an.

Senf verliert durch Hitzeeinwirkung an Schärfe, deshalb können z. B. Rouladen reichlich mit Senf bestrichen werden, ohne beim Auftragen zu scharf gewürzt zu sein.

Senfflecke auf der Kleidung werden am Besten mit warmer Seifenlauge ausgewaschen. Hartnäckige Senfflecke mit etwas Spiritus vorbehandeln.

Zum Entschlacken und Entgiften des Körpers empfehlen manche Naturheilbücher, eine Zeit lang täglich 1–2 Esslöffel Senfkörner aus ökologischem Anbau unzerkaut mit Wasser zu sich nehmen. Die Körner quellen im Darm, geben zur Unterstützung der Darmtätigkeit Senföl ab und nehmen Giftstoffe aus dem Darm auf.

Bier auf Wein, das lass sein! Das kennt jeder, obwohl das ja gar nicht so absolut stimmen soll. Wenn man sich aber genauer mit Senf beschäftigt, kommt man spätestens beim nächsten Grillfest auf die Frage, ob sich wohl Senf mit Bier auch gut verträgt. Wird zum Bier eingeladen, weiß man, dass es bei den Speisen deftig wird. Kräftige Kost ist angesagt, denn Bierdurst macht hungrig. Gut geräucherte Wurst, Schinken, Hackepeter, würzige Käsesorten, aber auch Rollmops und marinierte Heringe sind gefragte Begleiter unserer hervorragenden deutschen Biere. Oder denken Sie an die beinahe etwas in Vergessenheit geratenen Soleier, die früher bei keinem Bierfest fehlten. Sie waren ursprünglich eine schlesische Osterspezialität. Für diejenigen, die noch kein Solei probiert haben: Das Ei wird geschält und halbiert, das Eigelb vorsichtig herausgehoben und in die Vertiefung nach Geschmack Salz, Pfeffer, Paprikapulver und natürlich Senf gegeben. Nun wird das Eigelb wieder aufgesetzt und man verzehrt das Solei.

Senf und Bier, das rat' ich dir!

Eines der ältesten Käsegerichte, bei dem der Senf auf keinen Fall fehlen darf, sind die berühmten Welsh Rarebits. Obwohl sie regional etwas unterschiedlich zubereitet werden, haben alle Rezepturen die Verbindung von Käse und Senf, und überall auf der Welt werden die Käsewürzbissen gerne zum Bier gegessen. Die Thüringer Senfmacher aus Kleinhettstedt gehören zu den ganz Pfiffigen. Sie stellen gleich einen richtigen Biersenf her. Kein anderes als das bekannte Köstritzer Schwarzbier steht dazu Pate und verleiht diesem Senf den unverkennbar rauchigen Geschmack. Kommentar vom Chef der Senfmühle: „Rassig, da fehlt nur noch die Wurst dazu!". Vielleicht auch ein Bierchen... Sehr zum Wohl!

Vorspeisen und Salate, denen Senf die besondere Note verleiht

Gebeizter schwedischer Lachs mit süßer Dillsenfsauce

Der frische Lachs sollte als grätenfreies Filet oder besser zwei Seiten auf der Haut gekauft werden. Die Würzmischung wird aus drei Teilen Salz, zwei Teilen grob gestoßenen weißen Pfefferkörnern und einem Teil Zucker hergestellt.

Hat man nur ein Filet, schneidet man es mittig durch und bestreut die untere Hälfte reichlich mit dieser Würzmischung. Die Hautseite liegt dabei auf dem Boden des Beizgefäßes, das nicht größer als das Fischfilet sein sollte. Nun kommt auf die Würzmischung reichlich frischer Dill. Die zweite Fischhälfte wird mit der Hautseite nach oben darauf gelegt, mit Folie abgedeckt und mit einem geeigneten Gegenstand beschwert. Alle zwölf Stunden wendet man den Fisch und begießt ihn mit der sich bildenden Beize. Nach etwa 36 Stunden ist der Lachs fertig. Dill und Gewürze werden abgeschabt. Vom Filet können hauchdünne Scheiben schräg abgeschnitten werden.

Dazu reicht man folgende süsse Dillsenfsauce

(Rezept ergibt etwa eine 3/4 Tasse fertige Sauce)

4 EL	Kräutersenf
1 TL	Senfmehl
3 EL	Zucker
2 EL	heller Weinessig,
3 EL	Sonnenblumenöl
3 EL	frischer gehackter Dill

Kräutersenf, Senfmehl, Zucker und Essig gut miteinander verrühren, langsam das Öl zugießen und mit dem Schneebesen zu einer majonäseartigen Konsistenz rühren, zum Schluss den gehackten Dill zugeben und gut unterrühren.

Meist wird der gebeizte Lachs mit dem süßen Dillsenf als Vorspeise gereicht.

Kalter Wildbraten in fruchtiger Johannisbeersauce mit Jägersenf

Zutaten für 4 Portionen

300 g	kalter Wildbraten von Reh, Hirsch oder Wildschwein
4 EL	Johannisbeergelee
1/2	Tasse Rotwein
2 cl	Weinbrand
50 g	gehackte Nüsse
1 TL	Jägersenf
1 TL	feine Zeste von der unbehandelten Zitronenschale

Dieses Gericht ist gut als Vorspeise geeignet; Reste vom Wildbraten können hervorragend mit folgender Sauce zu Tisch gebracht werden:

Johannisbeergelee mit Rotwein und Weinbrand verrühren, mit Jägersenf abschmecken und zum Schluss die fein gehackten Nüsse sowie die sehr feine Zitronenzeste (hauchdünne Streifchen von der Zitronenschale) unterheben.

Diese leckere Vorspeise habe ich dekorativ zu Tisch gebracht, indem ich einen Keil Rotweingelee in Orangenschale angelegt habe. Dazu gießt man flüssiges Rotweingelee in eine ausgehöhlte Orangenhälfte und lässt es im Kühlschrank fest werden. Mit einem sehr scharfen Messer, dessen Klinge in heißes Wasser getaucht wurde, werden dekorative Geleekeile geschnitten

Cumberland-Bananen im Senf-Schinken-Mantel

Die Bananen schälen und gut pfeffern, die Pflanzenfettcreme in einer Pfanne erhitzen und die Bananen ca. 3 Minuten bei mittlerer Hitze rundum braten.

Je zwei Schinkenscheiben überlappen und auf einer Seite dünn mit dem Jägersenf bestreichen, die Bananen darin einrollen und in eine feuerfeste, leicht gefettete Form legen. Je eine eingerollte Banane mit einer Scheibe Käse belegen und im vorgeheizten Ofen bei 200 °C überbacken.

Ist der Käse schön goldbraun, werden die Bananen heiß mit kalter Cumberlandsauce zu Tisch gebracht. Auch Preiselbeeren kann man dazu reichen. Ich empfehle Toastbrot oder Weißbrot. Es passt aber auch ein Löffel Kartoffelpüree.

Zutaten für 4 Portionen

4	Bananen
	weißer Pfeffer aus der Mühle
2 EL	Pflanzenfettcreme
8	Scheiben Saftschinken
2 EL	Jägersenf
4	Scheiben Edamer Schnittkäse
200 g	Cumberlandsauce

Sülzwurstsalat mit der gewissen Senfnote

Zutaten für 4 Portionen

3	Eier
250 g	Sülzfleischwurst
150 g	Frühlingszwiebeln
2 TL	Kapern
3 EL	Speiseöl
2 TL	Weinessig
2 TL	Knoblauchsenf
1 TL	Anchovispaste
1	kleines Bund Petersilie oder
etwas	Schnittlauch,
	Salz,
	Pfeffer,
	Knoblauch nach Geschmack

Die Frühlingszwiebeln in feine Ringe oder dünne Scheiben schneiden und in einer Salatschüssel leicht salzen, pfeffern, Essig und Öl dazugeben, den Knoblauchsenf und etwas geriebenen Knoblauch (oder auch Knoblauchsalz) unterrühren.

Die Sülzfleischwurst in dünne kleine Blättchen schneiden, zum Ansatz geben, die gehackten Kapern, reichlich in feine Röllchen geschnittenen Schnittlauch oder gehackte Petersilie und etwas Anchovispaste untermischen und zum Schluss die hart gekochten, in Achtel oder Scheiben geschnittenen Eier vorsichtig dazugeben.

Den Salat gut durchziehen lassen.

Dazu reicht man eine gemischte Brotauswahl oder in wenig Schmalz gebratene Schwarzbrotscheiben als besondere Köstlichkeit.

Feiner Melonensalat in leichter Senf-majonäse mit Schinken-Käse-Röllchen

Die Zuckermelonen halbieren, Kerne entfernen, in Keile schneiden und dann von der Schale trennen, das Fruchtfleisch in dünne Blättchen schneiden. Die Orange wird so von der Schale geschnitten, dass möglichst die dünne weiße Haut über dem Fruchtfleisch entfernt wird.

Nun schneidet man das Orangenfleisch in ähnliche Blättchen wie die Melone. Der gewaschene Staudensellerie und die geputzten Champignons werden in feine Scheiben geschnitten, alle Zutaten gut miteinander vermischen und mit dem Zitronensaft beträufeln.

Separat werden die Majonäse, Orangensenf, Salz und Pfeffer gut verrührt und vorsichtig unter den Salatansatz gehoben. Auf je einem Kopfsalatblatt wird der Melonensalat gefällig und hoch angerichtet.

Je eine Scheibe Schinken und Käse werden aufeinander gelegt und fest zusammengerollt. Von der Rolle schneidet man 2 cm dicke, schräge Scheiben und legt diese rund um den Salat.

Zutaten für 4 Portionen

500 g	Zuckermelonenfleisch
1	Orange
200 g	Staudensellerie
150 g	Champignons
200 g	magerer roher Schinken
200 g	Gouda in Scheiben geschnitten
4 EL	Zitronensaft
4 EL	Majonäse
1 EL	Orangensenf
etwas	Salz und Pfeffer
4	Kopfsalatblätter

Senf zur äußeren Anwendung bedeutet natürlich nicht, dass man die Rouladen von außen mit Senf bestreicht! Hier kommt die bereits erwähnte medizinische Wirkung der Senfsaat ins Spiel. Im gemahlenen Zustand – in jedem Fall mit Wasser vermischt – werden heilende Kräfte freigesetzt, die man seit vielen Generationen bei Blasenentzündungen oder bei akuter und chronischer Bronchitis nutzt. Dazu werden heiße Senfwickel wie folgt hergestellt: 4–6 Esslöffel Senfmehl übergießt man mit einem halben Liter heißen Wasser und lässt das Ganze kurz ziehen.

Senf rezeptfrei aus der Apotheke?

Nun wird ein Baumwoll- oder Leinentuch damit getränkt und für 10–15 Minuten auf den schmerzenden Bereich zwischen zwei weitere Tücher auf die Haut gelegt. Damit die Wärme gespeichert wird und man keine andere Wäsche verunreinigt, legt man ein Handtuch darüber. Gleiches soll auch zur Behandlung von Ekzemen und Hautflechten sowie bei Ohrensausen geholfen haben – so in alten Niederschriften zur häuslichen Krankenpflege nachzulesen. Auch wenn wir mit dem einen oder anderen Hausmittel den derzeit explodierenden Kosten im Gesundheitswesen entgegen wirken können, sollte man bei Beschwerden doch besser zuerst den Rat des Arztes einholen. Senfwickel wurden im Mittelalter „bei Geschwülst der Brüst und der heimlichen Örter“ eingesetzt – eine Formulierung, die heute Schmunzeln hervorruft, aber wohl nichts anderes als die bereits erwähnten Erkrankungen des Brustraumes beinhaltet. Auch schmerzenden Gelenken und bei Rheuma können Senfwickel Linderung bringen. Nach dem Auflegen sollte man die Hautbereiche gut mit Wasser abwaschen, da empfindliche Haut durch die Anwendung möglicherweise gereizt werden kann. Übrigens können einige Esslöffel Senfmehl im Fußbad den Kreislauf so richtig in Schwung bringen. Bei zu hohem Blutdruck muss man aber darauf verzichten.

Die gesundheitsfördernde Wirkung des Würzsenfes ist eigentlich im Großen und Ganzen bekannt. Er belebt die Verdauung, macht schwer Verdauliches besser bekömmlich und regt die Darmtätigkeit an. Bereits bei der Nahrungsaufnahme wird die Speichelproduktion erhöht, dann werden die Magensäfte reichlicher abgesondert und ähnlich eines vortrefflichen Putzmittels reinigt der Senf zudem Magen und Darm. Mehr kann man von einem Würzmittel eigentlich nicht erwarten!

Salat vom Grünspargel mit einem Hauch Senfaroma

Vom Spargel das untere Drittel dünn abschälen und die Stangen in schräg angeschnittene Stücke schneiden, die Köpfe ganz lassen. Den Spargel mit etwas Wasser, einem kleinen Stück Butter, etwas Salz und einer Prise Zucker bissfest garen. Das dauert etwa 8–10 Minuten. Danach den Spargel auf einem Sieb abtropfen und auskühlen lassen. Die gepellten Eier mit dem Eisechsler teilen und mit dem Spargel auf Tellern gleichmäßig und geschmackvoll arrangieren.

Majonäse, saure Sahne, Kräutersenf und die gehackte Petersilie gut miteinander verrühren, mit Salz und Pfeffer abschmecken und über den Salat träufeln. Den Salat noch etwas marinieren lassen und dann zu Tisch bringen.

Zutaten für 4 Portionen

800 g	grüner Spargel
4	hart gekochte Eier
4 EL	Majonäse
4 EL	saure Sahne
3 TL	Kräutersenf
1	kleines Bund Petersilie
etwas	Salz und weißen Pfeffer
20 g	Butter

Linsensalat in leichter Senfmarinade mit Scheiben vom gebratenen Roastbeef

Zutaten für 4 Portionen

250 g	Linsen
2	mittelgroße Zwiebeln
3 EL	Speiseöl
4 EL	kalt gepresstes Rapsöl
1–2 EL	Essig oder Zitronensaft
1 TL	Zwiebelsenf
4 EL	gehackte Petersilie
4	mittelgroße Tomaten
400 g	pariertes Roastbeef
1	Lorbeerblatt
etwas	Kräutersalz, Pfeffer aus der Mühle, Knoblauch nach Geschmack
4 Zweige	Friseesalat

Das Roastbeef wird mit Pfeffer und Salz gewürzt und in der Hälfte des Speiseöls von allen Seiten gut angebraten. Im Inneren sollte es zart rosa sein. Bevor es in dünne Scheiben geschnitten wird, lässt man es gut auskühlen.

Die gewaschenen Linsen weicht man in reichlich Wasser am Vortag ein. Am nächsten Tag werden sie im Einweichwasser unter Zugabe des Lorbeerblattes, Pfeffer und Kräutersalz etwa 15 Minuten gekocht. Sie sollten noch Biss haben. Nun lässt man die Linsen im Sud erkalten.

Die in feine Würfel geschnittenen Zwiebeln werden in der Pfanne im erhitzten restlichen Speiseöl glasig gedünstet. Aus dem kalt gepressten Öl, Essig oder Zitronensaft, Zwiebelsenf und gehackter Petersilie wird unter Rühren eine Marinade hergestellt, die mit Kräutersalz, Pfeffer aus der Mühle und etwas zerriebenem Knoblauch gewürzt wird. Die abgekühlten, glasig geschwitzten Zwiebelwürfel werden zum Schluss zugegeben.

Die Marinade gießt man über die abgetropften Linsen, schmeckt noch einmal nach und lässt alles gut durchziehen. Aus den Tomaten werden Rosen geschnitten, die als Garnitur mit Friseesalatzweigen an den Linsensalat angelegt werden. Rundum arrangiert man Roastbeefröllchen und reicht dazu ein Thüringer Brotsortiment und Butter.

Die Senfpflanze und ihre „biblische Geschichte"

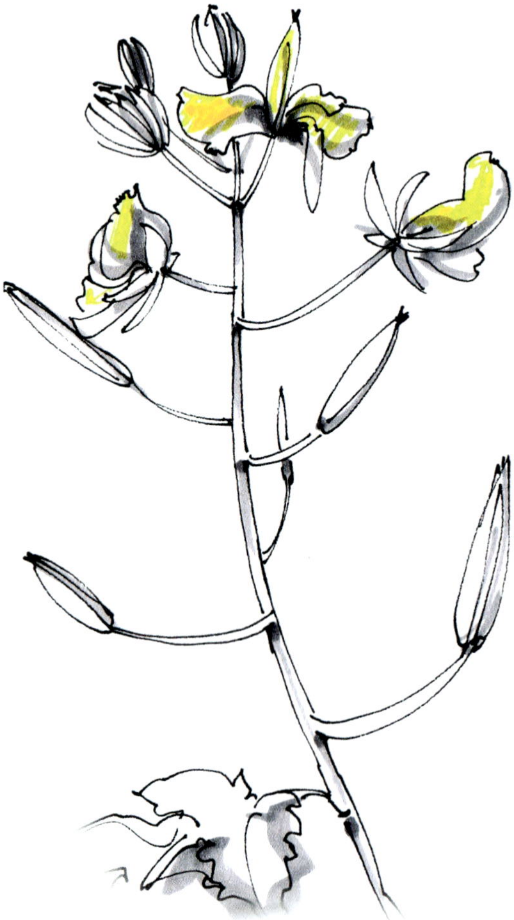

Will man die Verwendung der Senfpflanze als Würz- und Heilpflanze kennen lernen, muss man weit im Geschichtsbuch der Menschheit zurückblättern. Bereits die alten Ägypter, die Griechen und die Römer machten sich die guten Eigenschaften des Senfkorns zu Nutze. Die Bibelfesten wissen, dass man bei Matthäus 13,31 findet:

„Das Himmelreich ist gleich einem Senfkorn, das ein Mensch nahm und säete es auf seinem Acker."

In der Tat gehört der Senf zu den Urpflanzen der Menschheit. Seine Samen könnten einen Eintrag im Guiness-Buch der Rekorde wert sein, denn sie sind bei keimender und aufgehender Saat allen anderen Sämereien im Tempo überlegen. Die heranwachsende Senfpflanze setzt gleich noch einen drauf: Keine andere Pflanze bringt in vergleichbarer kurzer Zeit so viel Grünmasse hervor. Bevor man die Senfsaat zum Herstellen von Würzsenf für die Küche nutzte, wurde die Heilkraft der kleinen runden Körner geschätzt. Die gemahlenen Körner geben allerlei Kräfte beim Behandeln unterschiedlicher Erkrankungen frei, was an anderer Stelle noch genauer nachzulesen ist. Später erkannte man die hervorragende Würzkraft für allerlei unterschiedliche Speisen und insbesondere auch die konservierende Wirkung der Senfpaste. Das Rezept eines Römers namens Paladius beschreibt die Verarbeitung der gemahlenen Senfsaat mit Honig, Olivenöl und Essig – eine Geschmacksrichtung, die wieder aktuell ist. Auf dem Gebiet des heutigen Mitteleuropas wurde Würzsenf etwa im 10. Jahrhundert erstmalig angewendet.

Paprikasalat mit gebratenem Feta-Käse

Die Paprikaschoten halbieren, Kerne entfernen, putzen, waschen und in dünne Streifen schneiden. Frühlingszwiebeln und Schikoree waschen und putzen, Frühlingszwiebeln in Ringe schneiden, Schikoree in Blätter teilen und in 2–3 cm große Stücke schneiden. Kirschtomaten waschen und halbieren. Küchensenf, Mango-Chutney, Balsamicoessig und Zitronensaft zu einer Sauce verrühren, mit Salz, Pfeffer und Chili-Pulver würzen und vier EL Öl unterschlagen. Die Sauce mit den vorbereiteten Salatzutaten vermischen und ca. 30 Minuten ziehen lassen.

Das Paniermehl mit buntem Pfeffer mischen, Eier verquirlen, Fetascheiben der Reihe nach in Mehl, Ei und Paniermehl wenden. Das restliche Öl in einer beschichteten Pfanne erhitzen und Fetascheiben von jeder Seite ca. fünf Minuten braten. Die Knoblauchzehe abziehen, zerdrücken und mit Frischkäse, Créme fraîche und Joghurt verrühren. Salat mit Feta und Dip servieren.

Dazu schmeckt ofenwarmes Baguettebrot.

Zutaten für 4 Portionen

Für den Salat

Je 1	rote und gelbe Paprikaschote
1 Bund	Frühlingszwiebeln
1	Schikoree
200 g	Kirschtomaten
1 EL	Küchensenf
4 EL	Mango-Chutney
4 EL	Balsamicoessig
1 EL	Zitronensaft
1 Prise	Chili-Pulver
etwas	Salz und Pfeffer
6 EL	Pflanzenöl

Für den gebratenen Feta-Käse

4 EL	Paniermehl
2 EL	bunter, grob geschroteter Pfeffer
2	Eier
4	Scheiben Feta-Käse
4 EL	Mehl
1	Knoblauchzehe
75 g	Frischkäse
75 g	Créme fraîche
150 g	Joghurt

Kräftiger Harzer Käsesalat in der Essig-Senf-Marinade

Zutaten für 4 Portionen

250 g	Harzer Käse mit kleinem weißen Kern
500 g	Pellkartoffeln
300 g	junge grüne Bohnen
50 g	Speck
100 g	gepellte Zwiebel
0,1 l	Kraftbrühe
1	Eigelb
1 TL	Weinessig
2 EL	Zwiebelsenf
1 EL	Sonnenblumenöl
1	kleines Bund Petersilie
etwas	Salz und Pfeffer

Den Harzer Käse in nicht zu große Würfel, die gepellten Kartoffeln in Blättchen schneiden. Die jungen Bohnen in schräge, etwa 3 cm lange Stücke schneiden, in Salzwasser bissfest kochen und auskühlen lassen.

Den in feine Würfel geschnittenen Speck knusprig ausbraten und die ebenfalls fein würfelig geschnittenen Zwiebeln darin anschwitzen. Diesen Ansatz zur Mischung von Kartoffeln und Bohnen geben und mit Salz und Pfeffer würzen.

Das Eigelb mit heißer, aber nicht kochender Kraftbrühe gut verrühren, Essig, Zwiebelsenf und Öl sowie die fein gehackte Petersilie zugeben und die Marinade lauwarm über den Salat gießen, nun die Käsewürfel zugeben, vorsichtig durchmischen und den Salat gut durchziehen lassen.

Vor dem Servieren noch einmal nachschmecken. Dazu passt kalter Kasselerbraten besonders gut.

Raukesalat mit Altenburger Ziegenkäse in einem leichten Knoblauch-Senf-Dressing

Die Ölrauke wird gewaschen, durch eine Marinade aus Wasser, Zitronensaft, Salz, Zucker und etwas Öl gezogen und kreisrund auf dem Teller arrangiert. In die Mitte kommen der in gefällige Stücke geschnittene Ziegenkäse und der in Streifen geschnittene Saftschinken.

Dickmilch, Knoblauchsenf, etwas Salz, weißer Pfeffer und eine Prise Zucker werden zu einem pikanten Dressing verarbeitet, das tropfenweise und nicht deckend über den Salat verteilt wird. Der in feine Röllchen geschnittene Schnittlauch wird zuletzt über den Teller verteilt, auch der Tellerrand sollte einbezogen werden. Dazu passt eine Brotauswahl.

Zutaten für 4 Portionen

250 g	Ölrauke (Rucola)
200 g	Altenburger Ziegenkäse
200 g	Dickmilch
2 EL	Knoblauchsenf
120 g	Saftschinken
1	kleines Bund Schnittlauch
etwas	Zitronensaft,
	Salz
1	Prise Zucker
10 g	Speiseöl
etwas	weißen Pfeffer

Macht Senf wirklich dumm?

Was für eine Frage! Da müssten ja viele Generationen von schwachsinnigen Senfessern ihr Unwesen auf dem Erdball hinterlassen haben, und kein Mensch würde so genüsslich die Senfspur auf der Thüringer Bratwurst ziehen. Dennoch macht alleine die Fragestellung neugierig – schließlich ist an den meisten Gerüchten auch etwas Wahres. Wahrscheinlich ist der Ursprung der Frage bei den so genannten cyanogenen Senfölen zu suchen. Diese Senföle führen – im Übermaß genossen – tatsächlich zu Schwachsinnigkeit. Irre führender Weise kommen diese aber gar nicht im Speisesenf vor, sondern hauptsächlich in Bittermandeln und Bambusschösslingen, von denen man keinesfalls größere Mengen verzehrt und sie vor allem nicht im täglichen Speiseplan findet. In der indischen und bengalischen Küche hat man gelernt, das aus der schwarzen Senfsaat gewonnene Senföl im hoch erhitzten Zustand zum Kochen und Braten zu verwenden. Dadurch werden die enthaltenen Glyceride der Erucasäure weitgehend unschädlich gemacht. In Europa darf Senföl als Lebensmittel gehandelt werden, wenn als Ausgangsprodukt erucasäurefreie Senfsaat eingesetzt wird. Senföl erfreut sich als Spezialöl mit hoher Würzkraft einer immer größeren werdenden Beliebtheit.

Bliebe diesbezüglich noch zu klären, was es mit dem schrecklichen Kampfstoff „Senfgas" auf sich hat, der schon im Ersten Weltkrieg eingesetzt wurde. Dieses Kapitel kann man glücklicherweise gleich beenden, wenn man die Senfpflanze oder den Speisesenf näher betrachtet. Senfgas hat keinen Bezug zum Senf. Sein Name bezieht sich darauf, dass Senfgas einen Senfgeruch verbreitet. Dieses Gift kann als Gas, als Flüssigkeit oder im festen Zustand vorkommen. Auch am Geruch ist es schwer zu identifizieren. Es kann sowohl nach Senf, aber auch wie Zwiebel oder Knoblauch riechen; mitunter ist es sogar geruchlos.

Deftiges aus dem Reich der Thüringer Hausfrauen – natürlich mit Senf!

Rotwurstsalat nach Art der Thüringer Landfrauen

Die Thüringer Rotwurst ohne Haut in feine Blättchen schneiden, die Zwiebeln in kleine Würfel, die halbierten Gewürzgurken in dünne Scheiben, den Schnittlauch in feine Röllchen schneiden.

Aus Öl, Essig, Küchensenf, Meerrettich und Wasser eine Marinade rühren, kräftig mit Pfeffer, Salz und etwas Zucker abschmecken, über die vorbereitete Mischung aus Rotwurst, Zwiebeln, Schnittlauch und Gurken geben, alles gut durchziehen lassen.

Dazu schmecken Bratkartoffeln oder kräftiges Bauernbrot, wie es auf dem Lande gereicht wird.

Zutaten für 4 Portionen

500 g	Thüringer Fleischblutwurst
120 g	milde Gemüsezwiebel
120 g	Gewürzgurke
3 EL	Speiseöl
1 EL	Thüringer Küchensenf
3 TL	geriebener Meerrettich
3 EL	Weinessig
2 EL	Wasser
1	kleines Bund Schnittlauch
etwas	Salz,
	Pfeffer,
	Zucker

Meine Version von der Apoldaer Birnenpfanne

Zutaten für 4 Portionen

8	dünne Scheiben vom Schweinekamm à 80–100 g
60 g	Pflanzenfett
300 g	Weinsauerkraut
1/4 l	trockener Weißwein
600 g	kleine geschälte Kartoffeln
600 g	nicht zu weiche Birnen
50 g	Butter
1	kleines Stück Zimtrinde
etwas	Salz,
	Thüringer Zwiebelsenf,
	Pfeffer aus der Mühle

Die Schweinekammscheiben werden leicht geklopft und mit Pfeffer und Salz gewürzt. Nun bestreicht man sie sehr dünn mit Zwiebelsenf und verteilt das Weinsauerkraut gleichmäßig auf die Mitte der Fleischscheiben. Die Seiten schlägt man etwas zur Fleischmitte ein und rollt sie zu kleinen Rouladen zusammen, die man mit Rouladennadeln feststicht. Im erhitzten Pflanzenfett werden die Fleischröllchen in einer Pfanne rundum gut angebraten.

Nun kommen die angebratenen Fleischröllchen in eine feuerfeste Auflaufform und werden in der Mitte aufgereiht. Auf die eine Seite gibt man die leicht gesalzenen Kartoffeln neben das Fleisch, auf die andere Seite die halbierten, vom Kerngehäuse befreiten Birnen. Etwas Zimtrinde wird dazwischen gesteckt.

Der Bratensatz der Rouladen wird mit dem Weißwein abgelöscht, bis er sich gut gelöst hat. Nun gibt man ihn über die Birnenpfanne und füllt noch mit etwas Wasser auf, bis die Pfanne zur Hälfte mit Flüssigkeit bedeckt ist.

Zugedeckt wird die Birnenpfanne bei ca. 200 °C 40 bis 45 Minuten geschmort. Anschließend bringt man sie sofort zu Tisch und bedient sich mit Fleisch, Kartoffeln und Birnen sowie dem entstandenen aromatischen Bratensaft mit der feinen Senfnote.

Ein köstliches Gericht – leicht verdaulich und sehr schmackhaft.

Feiner alter
oppelkorn
aus Nordhausen
0,7
Feiner alter
oppelkorn
Nordhausen

Wirsingrollen mit Speck – ein Löffelchen Senf darf nicht fehlen...

Zutaten für 4 Portionen

1	kleiner Kopf Wirsing
500 g	gemischtes Hackfleisch (je zur Hälfte Schwein und Rind)
1	eingeweichtes Brötchen
1	mittelgroße Zwiebel
1	Ei
1	kleines Bund Petersilie
1 TL	Küchensenf
150 g	durchwachsener Speck
2 EL	Speiseöl
1/2 l	Kraftbrühe
etwas	Pfeffer, edelsüßes Paprikapulver, Kräutersalz
5 g	Maisstärke

Den Wirsingkohl putzen, waschen und im Ganzen in Salzwasser etwa 10 Minuten vorkochen. Nach dem Blanchieren 16 große Blätter ablösen, je zwei Blätter für eine Wirsingrolle zusammenlegen.

Das Hackfleisch mit dem eingeweichten und ausgedrückten Brötchen, der in feine Würfel geschnittenen Zwiebel, dem aufgeschlagenen Ei, Salz, Pfeffer, dem Paprikapulver nach Geschmack sowie dem Kräutersalz, der gehackten Petersilie und dem Küchensenf mischen und gut verkneten.

Die Hackfleischmasse gleichmäßig auf die Kohlblätter verteilen und acht Rollen formen. Diese werden mit je einem Streifen durchwachsenen Speck umwickelt und mit Rouladennadeln festgesteckt.

Die Wirsingrollen werden in Speiseöl rundum gut angebraten, danach gießt man die Kraftbrühe an und schmort die Röllchen auf kleiner Flamme etwa 30 Minuten. Den Bratensatz bindet man mit etwas Maisstärke. Dazu empfehle ich Schnittlauchkartoffeln.

Beim Anrichten entfernt man vorsichtig die Rouladennadel, so dass der Speck um die Wirsingrollen bleibt. Man kann die Rolle auch einmal diagonal durchschneiden und dann saucieren.

Karamell-Spiessbraten mit feinem Bier-Senf-Geschmack

Das zugeschnittene Fleisch sollte man möglichst am Vortag in die Marinade einlegen, die sich aus den anderen Zutaten wie folgt herstellen lässt: Tomatenketchup, Honig, Bier und Biersenf werden gut miteinander verrührt. Schnittlauch und Petersilie werden fein gehackt bzw. geschnitten wie auch die restlichen Kräuter, die nach Geschmack mengenmäßig zu variieren sind. Diese werden ebenso wie Salz und Pfeffer aus der Mühle zugegeben. Zum Schluss wird noch das Öl untergerührt.

Mit dieser Marinade wird das Fleisch rundum eingestrichen und mit Folie abgedeckt an einen kühlen Ort gestellt. Bevor das Fleisch auf den Spieß gesteckt und gegrillt wird, streicht man die Marinade vom Fleisch auf ein Sieb ab. Die Kräuter verbrennen leicht und sollten erst in der letzten Phase auf das fast fertige Fleisch gestrichen werden. Während des Grillvorganges – bei nicht zu hoher Temperatur – wird das Fleisch immer wieder mit der flüssigen Marinade bestrichen, damit sich eine schöne Karamellschicht bildet.

Nach dem Grillen noch einige Minuten am warmen Ort ruhen lassen. Das Fleisch in Scheiben schneiden und gebratene oder gebackene Kartoffeln dazu reichen.

Zutaten für 4 Portionen

750 g	ausgelöstes und pariertes Schweinekotelettstück
2 EL	Tomatenketchup
1 EL	Honig
1 EL	Bier
1 EL	Biersenf
3/4 TL	Salz
	frisch gemahlener Pfeffer
2 Bund	Schnittlauch
1 Bund	Petersilie
etwas	frisches Salbeikraut, Majoran, Basilikum
2 EL	Speiseöl

Thüringer Kümmelfleisch mit Bier und dezenter Senfnote

Zutaten für 4 Portionen

500 g	Schweineschulter
4	mittelgroße Zwiebeln
1/4 l	Pilsener Bier
1/4 l	Vollmilchjoghurt
2	Scheiben Vollkornbrot
100 g	durchwachsener Speck
etwas	Salz, Kümmel, Zucker, Biersenf, Paprikapulver edelsüß

Den in feine Würfel geschnittenen Speck auslassen und die in dünne Keile geschnittene Zwiebel darin anschwitzen. Das in gulaschgroße Würfel geschnittene Schweinefleisch wird mit einem Teelöffel grob gehacktem Kümmel, Salz und Paprika kräftig gewürzt und zum Ansatz zugegeben. Es sollte im eigenen Saft gar dünsten.

Nun gibt man den Joghurt zu und bindet das Ganze mit dem zerbröselten Vollkornbrot. Mit einer Prise Zucker und dem Biersenf wird je nach Wunsch abgeschmeckt und zum Schluss das Bier zugegeben. Nun sollte das Kümmelfleisch nicht mehr kochen. Gut umrühren und alsbald zu Tisch bringen.

Dazu empfehle ich halbseidene Kartoffelklöße und geschmorte Spitzkohlstreifen.

Weimarer Schweinskoteletts in Senf-Honig-Sauce

Die Koteletts waschen, trocken tupfen, mit Salz und Pfeffer würzen. Butterschmalz erhitzen und die Koteletts goldbraun braten und warm stellen. Zwiebeln schälen, fein würfeln und im Bratensatz glasig schwenken. Essig und Honig zufügen. Sahne unterrühren, kurz aufkochen lassen und abschmecken. Vier Cornichons beiseite legen, die restlichen fein würfeln. Gewürfelte Cornichons, Estragon und Senf unter die Sauce rühren, Sauce nicht mehr kochen lassen.

Die Koteletts werden auf heißen Tellern angerichtet und mit der Sauce umgossen. Die Kapern darüber streuen und mit ganzen Cornichons und frischem Estragon garniert servieren.

Zu diesem Gericht passen gebackene Keile von der Pellkartoffel, aber auch Reis oder Nudeln.

Zutaten für 4 Portionen

4	Thüringer Schweinekoteletts (à 150 g)
etwas	Salz und Pfeffer
2 EL	Butterschmalz
3	Zwiebeln
2 EL	Weißweinessig
1 EL	Honig
1 Becher	Küchensahne (250 g)
100 g	Cornichons
1 EL	Estragon
2 EL	Thüringer Pfeffersenf
1 EL	Kapern
4	Zweige Estragon

Köstritzer Senfrippchen mit Schmorgemüse

Zutaten für 4 Portionen

1,2 kg	Pökelrippchen vom Schwein
3	Zwiebeln
2	Knoblauchzehen
2	Zweige Thymian
2 EL	mittelscharfer Senf
0,1 l	Köstritzer Schwarzbier
50 g	Speiseöl
800 g	Möhren
2	mittlere Stangen Porree
1	kleine Knolle Sellerie
1	kleines Bund Petersilie
etwas	Salz,
	Pfeffer,
	Piment,
	Lorbeer

„Haben Sie heute kalte Rippchen, Herr Ober?" „Nein, mein Herr, im Winter trage ich immer ein Wollhemdchen."

Die portionsmäßig zugeschnittenen Pökelrippchen werden mit einer Pfeffer-Salz-Mischung gewürzt. Dabei sollte beachtet werden, dass gepökelte Produkte schon viel Eigengeschmack mitbringen. In einem passenden Bräter wird das Speiseöl erhitzt und die Rippchen von allen Seiten gut angebraten. Nun bestreicht man sie mit der vorab hergestellten Senf-Schwarzbiermischung und gibt die in grobe Würfel geschnittene geschälte Zwiebel, die zerdrückten Knoblauchzehen und nach Geschmack 3–5 Pimentkörner, 1–2 Lorbeerblätter und etwas Thymian zu. Mit etwas angegossenem Wasser kommt der Bräter mit Inhalt nun in den auf 200 °C vorgeheizten Backofen. Die Garzeit beträgt 40–50 Minuten. Zwischendurch sollten die Rippchen öfter mit dem Bratenfond begossen werden.

In der Zwischenzeit werden Porree, Sellerie und Möhren geputzt und in mundgerechte Stücke geschnitten. Nun nimmt man die Rippchen aus dem Bratensatz, dieser wird durch ein Sieb passiert und der Bräter nochmals mit dem vorbereiteten Gemüse, den Rippchen und dem Bratensatz angesetzt. Bei etwa 160–170 °C lässt man das Ganze nochmals 30–40 Minuten schmoren, eventuell noch etwas Schwarzbier zugeben. Das Fleisch ist gar, wenn es sich allein von den Knochen löst. Die gehackte Petersilie streut man vor dem Servieren über das Gericht. Dazu schmecken Thüringer Klöße oder eine andere Kartoffelbeilage.

Köstritzer
Schwarzbier

Königsberger Klopse in leichter Senfrahmsauce

Zutaten für 4 Portionen

1	altbackenes Brötchen
500 ml	Schlagsahne
4	Sardellenfilets
1	mittelgroße Zwiebel
500 g	Hackfleisch halb Rind, halb Schwein
1	Ei
1 l	Fleischbrühe
20 g	Butter
20 g	Mehl
5 EL	saure Sahne
2 EL	Kapern
1/4 l	Weißwein
	Saft einer halben Zitrone
1 EL	Küchensenf
2	Eigelb
1 Prise	Zucker
etwas	Salz und Pfeffer

Das Brötchen in Würfel schneiden und mit 100 ml Sahne einweichen. Die Zwiebel und die Sardellenfilets in sehr feine Würfel schneiden. Beides kommt zum Hackfleisch, wie auch das ausgedrückte Brötchen und das aufgeschlagene Ei. Mit Salz und Pfeffer würzen. Mit nassen Händen aus der Masse Klopse mit einem Durchmesser von ca. 4 cm formen.

Klopse in der kochenden Fleischbrühe bei kleiner Hitze ca. 15 Minuten garen.

Aus Butter und Mehl eine helle Schwitze bereiten. Die restliche Sahne angießen und ca. 1/2 l geseihte Brühe zugeben. Gut rühren und 15 Minuten durchkochen lassen. Zum Schluss saure Sahne und die gehackten Kapern zugeben. Mit Weißwein, Zitronensaft, Küchensenf, Zucker, Salz und weißem Pfeffer abschmecken. Die Eigelbe mit etwas Sauce verrühren und die Sauce legieren.

Die Sauce über die heißen Klopse gießen und zu Tisch bringen. Salzkartoffeln und ein knackiger Kopfsalat schmecken sehr gut dazu.

Rinderrouladen wie sie schon meine Grossmutter wickelte – natürlich mit Senfwürze

Die plattierten Rinderrouladen werden mit Pfeffer und Salz gut gewürzt und dünn mit dem bereits gewürzten Hackepeter bestrichen. Nun wird der Thüringer Küchensenf gleichmäßig dünn aufgetragen. Die längs halbierten Gewürzgurken, der in Streifen geschnittene Speck und die in Keile geschnittenen Zwiebeln werden quer zur langen Fleischseite aufgeschichtet. Nun wird das Fleisch an der schmalen Seite etwas eingeschlagen und die Roulade vom langen Ende her zusammengerollt. Das Befestigen kann mit der Rouladennadel, mittels Holzspießchen, Spange oder – wie bei uns – mit Küchengarn erfolgen.

Die Rouladen werden im erhitzten Öl rundum gut angebraten. Gegen Ende des Anbratvorganges gibt man das Tomatenmark zu und stäubt den Bratensatz mit sehr wenig Mehl an. Ist alles durchgeröstet, wird mit Brühe aufgefüllt und die Rouladen zugedeckt gar geschmort. Mit Crème fraîche wird die Sauce zum Schluss verfeinert. Zu diesen Rinderrouladen schmecken die original Thüringer Klöße vielleicht am besten.

Zutaten für 4 Portionen

4	geschnittene Rinderrouladen à 200 g
100 g	fetter Speck
4	kleine Gewürzgurken
2	mittelgroße Zwiebeln
100 g	gewürzter Hackepeter
3 EL	Speiseöl
1 EL	Tomatenmark
1 TL	Weizenmehl
etwas	Salz und Pfeffer, Küchensenf
3/4 l	Fleischbrühe
2 EL	Crème fraîche

Auch die Engländer haben beim Thema Senf ein Wörtchen mitzureden!

Fragt man in einem Feinkostgeschäft nach englischem Senfpuder, so bekommt man wahrscheinlich eine gelbe Dose mit der Aufschrift „Colman's Mustard" gereicht. In der Tat könnte man sagen, dass die Engländer dieses Pulver erfunden haben. Ein junger Müller mit Namen Jeremiah Colman mahlte bereits im 18. Jahrhundert gelbes Senfpulver. Aus dem wurde dann der Colman's Mustard, der von Königin Victoria in der royalen Küche hoffähig gemacht wurde. Englisches Senfpulver wird vorwiegend aus der hellen Senfsaat Sinapis alba hergestellt. Dazu kommen noch etwas Weizenmehl und Gelbwurz. Ursprünglich wurde das Pulver über das Essen gestreut, bevor man es verzehrte. Heute wird es aber nach Zubereitungshinweis mit wenig Wasser zu einer Paste gerührt. Es gibt auch bereits gebrauchsfertigen englischen Senf. Er ist recht scharf und passt zu gekochtem Rindfleisch, Roastbeef und Steaks. Die Engländer streichen ihn gerne auf gegrillten Fisch, auf Scheiben vom Kochschinken oder essen ihn zu Fleischpasteten.

Senfgerichte sind auch für die feine Küche durchaus salonfähig

Altengönnaer Puten-Rouladen mit Orangen-Spitzkohl

Putenschnitzel mit Orangensenf bestreichen und mit Salz und Pfeffer würzen. Keulenfleisch in vier gleich große Streifen schneiden, würzen und mit Backpflaumen und Datteln auf den Schnitzeln verteilen. Schnitzel aufrollen und die Rouladen mit Küchengarn umwickeln. Öl erhitzen, Rouladen zufügen und rundum gut anbraten. Den Geflügelfond angießen und die Rouladen ca. 20 Minuten gar schmoren. Die Puten-Rouladen aus dem Topf nehmen und warm stellen. Nun die Sauce etwas einkochen, mit Salz, Pfeffer und Orangensenf abschmecken und mit der Maisstärke leicht binden.

Den Spitzkohl putzen, waschen, Strunk entfernen und in Streifen schneiden. Die Butter in einem Topf erhitzen, den Kohl zufügen und unter Rühren andünsten. Den Orangensaft und die Brühe angießen und bei mittlerer Hitze ca. 20 Minuten garen. Nun die geriebene Orangenschale zufügen und mit Salz und Pfeffer würzen.

Die Puten-Rouladen mit Orangenspitzkohl servieren und nach Wunsch mit Kerbelplättchen garnieren. Selbstverständlich empfehle ich dazu unsere hervorragenden Thüringer Klöße. Eine andere leckere Kartoffelbeilage kann aber auch ein guter Begleiter sein.

Zutaten für 4 Portionen

4	Putenschnitzel (à 120 g)
2 TL	Thüringer Orangensenf
etwas	Salz und Pfeffer
200 g	Putenfleisch aus der Oberkeule
80 g	Backpflaumen ohne Stein
80 g	Datteln ohne Kern
6 EL	Speiseöl
200 ml	Geflügelfond
1 EL	Maisstärke

Für den Orangenspitzkohl

600 g	Spitzkohl
70 g	Butter
	Saft von 2 Orangen
3 EL	Gemüsebrühe
etwas	Salz und Pfeffer
1 EL	abgeriebene Schale einer unbehandelten Orange
4	Zweige Kerbel

Gebratene Kalbsnieren in Senf-Sahne mit Cognac

Zutaten für 4 Portionen

700 g	Kalbsnieren mit dünner Fettschicht
2 EL	Speiseöl
60 g	Butter
100 g	geputzte Champignons
6 EL	Küchensahne
4 cl	Cognac
1 TL	Küchensenf
	Saft einer halben Zitrone
1 EL	gehackte Petersilie
etwas	Salz und Pfeffer

Die Kalbsnieren von den Sehnen befreien, in etwas Speiseöl im Ganzen rasch anbraten und bei verminderter Hitze fertig garen, aus dem Bratensatz herausnehmen und warm stellen.

Zum Bratfond gibt man die Butter, löscht mit Cognac ab und rührt den Küchensenf darin glatt. Nun kommen die geschnittenen Champignonscheiben und der Zitronensaft dazu.

Wenn der sich bildende Fond bei häufigem Rühren eingekocht ist, gibt man die Küchensahne zu und lässt die Flüssigkeit nochmals um die Hälfte einkochen. Zum Schluss wird die gehackte Petersilie zugegeben und mit Pfeffer und Salz abgeschmeckt.

Die Kalbsnieren schneidet man in dünne Scheiben und reicht sie mit den Champignons in der Senf-Sahne. Dazu schmecken gebutterte Salzkartoffeln oder auch Nudeln.

Saftiges Lammrückenfilet unter der Senf-Kräuter-Kruste

Das zugeschnittene Lammrückenfilet mit Salz und Pfeffer würzen und im Speiseöl rundum kurz anbraten.

Inzwischen die Kräuterkruste vorbereiten. Die Butter mit den Eigelben und dem Pfeffersenf schaumig schlagen. Die gepellte Knoblauchzehe durch die Knoblauchpresse drücken und zugeben. Die gewaschenen Kräuter werden sehr fein gehackt. Dann gibt man die Kräuter und das Semmelmehl zu der schaumigen Butter und schmeckt mit Pfeffer und Salz ab.

Die fertige Kräuterpaste wird gleichmäßig über das angebratene Fleisch gestrichen und bei 220 °C knusprig gebraten. Das Fleisch sollte dabei saftig und zart rosa bleiben.

Zum Lammrückenfilet unter der Senf-Kräuter-Kruste empfehle ich in Butter geschwenkte Rosmarinkartoffeln und zarte Bohnen im Mantel von durchwachsenem Speck.

Zutaten für 4 Portionen

ca. 700 g	pariertes Lammrückenfilet
2 EL	Speiseöl,
	Salz und Pfeffer

Für die Kräuterkruste

120 g	weiche Butter
2	Eigelb
1 TL	Pfeffersenf
1	Knoblauchzehe
1 TL	Kräuter der Provence
1	Bund Petersilie
1 Bund	Basilikum
3 EL	Semmelmehl

Kalbfleischrouladen auf Schweizer Art zubereitet

Zutaten für 4 Portionen

4	Rouladen aus der Kalbskeule à 200 g
1 EL	Orangensenf
4	Scheiben Schweizer Käse
1	große Banane
50 g	Speiseöl
1/4 l	Kraftbrühe
1	Lorbeerblatt
3	Pfefferkörner
wenig	Thymian
etwas	Pfeffer aus der Mühle, Zucker, Salz
1 TL	Weizenmehl
1 TL	Maisstärke
2 EL	Küchensahne

Die Rouladen gut plattieren, mit Salz und Pfeffer würzen und mit dem Orangensenf dünn und gleichmäßig bestreichen. Nun je eine dünne Scheibe Schweizer Käse auf die Rouladen legen. Die geschälte Banane wird einmal längs und einmal quer halbiert und je ein Stück gegen die Aufrollrichtung der Roulade auf den Käse gelegt. Nun werden die Kalbsrouladen von den Seiten etwas eingeschlagen und dann aufgerollt und mit Rouladennadel oder Holzspeiler zusammengesteckt bzw. mit Küchengarn festgebunden.

Im erhitzten Pflanzenfett werden sie nun rundum nicht zu scharf angebraten. Danach gießt man die Kraftbrühe an und gibt Lorbeerblatt, Pfefferkörner und eine Spur Thymian zu. Eine Prise Zucker und etwas Salz runden den Geschmack ab. Zugedeckt lässt man die Rouladen etwa eine Stunde auf kleiner Flamme garen. Die Rouladen dann aus dem Bratensatz herausnehmen und warm stellen. Den Bratensatz mit wenig angerührtem Weizenmehl und Maisstärke (halb und halb) leicht binden.

Die Küchensahne zugeben und nochmals die Sauce abschmecken. Nachdem die Sauce gut durchgekocht ist, durch ein Sieb passieren und die Rouladen kurz in der Sauce ziehen lassen. Beim Anrichten schneide ich die Kalbsroulade schräg durch, so dass die Füllung gut zu sehen ist. Ich empfehle gebutterte Bandnudeln oder Spätzle als Beilage.

Filetspitzen Stroganoff mit dem berühmten Senf-Touch

Das Pflanzenfett in der Pfanne erhitzen und das in Streifen geschnittene Rinderfilet gut anbraten – dabei mit Salz und Pfeffer würzen. Den Ansatz mit dem erwärmten Weinbrand abflämmen und das Fleisch mit der Schaumkelle aus der Pfanne nehmen und warm stellen.

Nun werden im Bratensatz die Zwiebeln glasig geschwenkt und anschließend die in Scheiben geschnittenen Champignons zugegeben. Den Rotwein und die saure Sahne angießen, kurz durchkochen lassen und die in feine Streifen geschnittene Gewürzgurke und Rote Bete zugeben.

Mit dem Küchensenf abschmecken und die gebratenen Fleischstreifen zufügen. Nun soll das Ganze nicht mehr kochen. Mit Salz und Pfeffer nachschmecken. Vor dem Servieren mit gehackter frischer Petersilie bestreuen. Dazu passen Reis, aber auch kleine Rösti, Kartoffelpüree oder Röstkartoffeln.

Zutaten für 4 Portionen

700 g	Rinderfilet
150 g	gepellte Zwiebel
250 g	frische Champignons
100 g	Gewürzgurken
100 g	gekochte Rote Bete
75 g	Pflanzenfett
1 EL	Küchensenf
1/8 l	saure Sahne
3 cl	Weinbrand
4 cl	roter Burgunderwein
2 EL	gehackte Petersilie
etwas	Salz und Pfeffer

Lendenschnitten Woronow – der Klassiker aus meiner Seefahrerzeit – mit dem Duft von Senf, Knoblauch und vielen Kräutern

Zutaten für 4 Portionen

4	Rinderfiletschnitten à 150 g
100 g	feine Zwiebelwürfel
2	Knoblauchzehen
2 EL	Pfeffersenf
4 cl	Weinbrand
200 g	Butter
150 g	Smetana oder ersatzweise Schmand
100 g	Küchensahne
30 g	fein gehackte Petersilie
30 g	gehackter Dill
30 g	gehackter Estragon
wenig	Majoran, Thymian, Rosmarin, alles fein gehackt
	grob gestoßener Pfeffer
	edelsüßes Paprikapulver
25 g	Kapern
1	geriebene Schale einer Zitrone
etwas	Salz
1 EL	Tomatenmark
1 EL	Speiseöl

Die Butter wird schaumig gerührt, nach und nach die Smetana und Küchensahne zugegeben. Zum Schluss kommen die fein gehackten Kräuter, der mit Salz zerriebene Knoblauch, der Pfeffersenf, die gehackten Kapern und die geriebene Zitronenschale dazu.

In einer Sauteuse wird das Speiseöl erhitzt, die Zwiebelwürfel glasig geschwenkt und der Weinbrand brennend zugegeben. Nun gibt man das Tomatenmark zu und rührt es glatt. Dann fügt man nach und nach die Kräutercreme zu und bringt alles zum Kochen.

Die leicht plattierten Lendenschnitten werden mit Salz und Pfeffer gewürzt und in der Sauce unter öfterem Wenden rosa pochiert. Die Sauce darf dabei nicht kochen. Bevor man die Schnitten mit reichlich Sauce zu Tisch bringt, streut man obenauf noch etwas edelsüßes Paprikapulver.

Dazu reicht man Butternudeln oder in der klassischen Form Pellkartoffeln und einen Salat von roten Rübchen.

Rumpsteak Strindberg – der Klassiker unter den Steaks – ohne Senf nicht denkbar...

Die plattierten Rumpsteaks salzen und pfeffern, auf beiden Seiten mit Küchensenf bestreichen. Den Meerrettich mit etwas Curry und Worchestersauce abschmecken, mit den sehr feinwürflig geschnittenen Zwiebeln mischen und ebenfalls gleichmäßig auf die Steaks streichen.

Nun die Steaks leicht mehlieren und durch die verquirlten Eier ziehen. Im heißen Öl von beiden Seiten gut anbraten. Die Steaks sollten saftig bleiben, die Eihülle eine goldbraune Farbe erhalten.

Dazu passen gebackene Kartoffeln oder Bratkartoffeln sowie die verschiedensten Rohkostsalate. Auch Grilltomaten sind eine köstliche Beilage.

Zutaten für 4 Portionen

4	gut abgehangene Rumpsteaks à 150–200 g
1 Tasse	Speiseöl
4	mittelgroße Zwiebeln
2 EL	geriebener Meerrettich
3	Eier
etwas	Küchensenf, Curry, Worchestersauce, Salz und Pfeffer
50 g	Weizenmehl

Gefüllter Schweinsrücken mit Senf-Kräuter-Paste im Schweinenetz gebraten

Zutaten für 4 Portionen

600 g	Schweinskotelett ohne Knochen
100 g	Schweinenetz
50 g	Senfkornmehl
1 EL	Kräutersenf
1 Bund	Schnittlauch, frischer Majoran und Thymian

Für die Füllung

200 g	Austernpilze
200 g	Champignons
30 g	fein gehackte Zwiebeln
50 g	Butter
100 g	Saftschinken
50 g	Rotweinsaucenextrakt
60 g	Speiseöl

Den Schweinerücken entweder zu 4 Steaks schneiden, die dann einen Tascheneinschnitt erhalten, oder den Rücken im Ganzen längs aufschneiden und plattieren.

Die Champignons und die Austernpilze fein hacken. Die Zwiebelwürfel in Butter glasig schwitzen. Den Saftschinken würfeln, zu den Zwiebeln geben und kurz durchschwenken. Dann die gehackten Pilze zugeben und bei wenig Hitze solange schmoren, bis die entstandene Flüssigkeit stark reduziert ist. Dann mit dem Rotweinsaucenextrakt (oder ersatzweise etwas brauner Kraftsauce) leicht binden.

Aus Senfkornmehl, Kräutersenf und den gehackten Kräutern eine Paste herstellen und das Fleisch von außen damit bestreichen. Das Fleisch mit der Außenseite auf das vorher eingeweichte, ausgewaschene und ausgebreitete Schweinenetz legen, die Innenseite mit der Pilzfüllung bestreichen.

Das Fleisch zusammenrollen oder zusammenklappen und mit dem Schweinenetz einhüllen. Das Speiseöl in der Pfanne erhitzen und das Fleisch darin je nach Stärke 20–40 Minuten braten. Es sollte durchgebraten, aber noch schön saftig sein.

Zu dem fertigen Schweinerücken empfehle ich naturelles Gartengemüse mit etwas Butter angeschwenkt und eine gebackene Kartoffelbeilage nach Wahl.

Destillation mit langer Tradition

500 Jahre Brennereigeschichte in Nordhausen

Bereits seit 1507 wird im Südharz-Städtchen Nordhausen Korn gebrannt. Viele Jahrhunderte lang war die „Branntweinherstellung“ einer der wichtigsten Gewerbezweige der Stadt. Im 18. Jahrhundert produzierten in Nordhausen zeitweise rund 100 Brennereien frünf Millionen Liter Kornbranntwein pro Jahr! Schon 1789 legte ein Reinheitsgebot die Zutaten für Nordhäuser Korn fest.

„Echter Nordhäuser“ ist heute in ganz Deutschland und darüber hinaus bekannt. Kenner schätzen den würzig-milden Roggenbrand aus Nordhausen.

Nordhäuser
TRADITIONS-
BRENNEREI

Entdecken Sie bei einem Rundgang die Schätze der alten Produktionsstätte

Museum

Im alten Kontor und im Museumsraum erzählen Ausstellungsstücke von der Vergangenheit der Traditionsbrennerei. Hier finden Sie Originelles und Wertvolles aus der Geschichte des „Nordhisser Branntewyns“.

Kornbrennerei

Der Brennraum ist originalgetreu erhalten. Beeindruckend ist die Brenneinrichtung von 1908. Sie erhalten Einblick in die historische Branntweinproduktion. Noch heute werden hier die Kornspezialitäten der Nordhäuser Traditionsbrennerei hergestellt.

Kornverkostung und Kornverkauf

Die Nordhäuser Traditionsbrennerei ist bekannt als Kreativitätsschmiede für ihre Kornspezialitäten und natürlich auch für den echten „Nordhäuser“. Die Produkte können Sie vor Ort verkosten und – wenn Sie möchten – kaufen.

Zucchinigemüse und Hackfleischklösschen mit der milden Senfwürze

Zutaten für 4 Portionen

3	Scheiben Toastbrot
3	mittelgroße Zwiebeln
500 g	Gehacktes zur Hälfte Schwein und zur Hälfte Rind
1	Ei
1 TL	Knoblauchsenf
750 g	kleine Zucchini
100 g	Butter
100 ml	Weißwein
etwas	Salz und Pfeffer
5–6	Salbeiblättchen

Das von der Rinde befreite Weißbrot in etwas lauwarmem Wasser einweichen. Die feinen Würfel einer Zwiebel mit dem Gehackten und dem ausgedrückten Brot mischen, das Ei und den Knoblauchsenf zugeben und das Ganze sehr gut vermengen. Mit Salz und Pfeffer würzen. Aus dieser Hackfleischmasse kleine Klößchen formen, die in der Hälfte der Butter bei nicht zu großer Hitze saftig goldbraun gebraten werden. Zum Durchziehen warm stellen.

Die gewaschenen und vom Stielansatz befreiten Zucchini werden in dünne Scheiben geschnitten. Die restlichen, ebenfalls in feine Würfel geschnittenen Zwiebeln werden in der übrig gebliebenen Butter glasig gedünstet. Nun kommen die Zucchinischeiben dazu, die mit Pfeffer und Salz gewürzt werden.

Jetzt gießt man den Weißwein an und lässt das Gemüse 6–7 Minuten garen. Kurz vor dem Ende der Garzeit gibt man die in feine Streifen geschnittenen Salbeiblättchen zu. Die Fleischklößchen werden auf dem Zucchinigemüse angerichtet. Als Beilage bieten sich Stampfkartoffeln mit etwas brauner Butter an, aber auch körniger Reis schmeckt sehr gut dazu.

Kaninchen mit Pfeffersenfsauce

Das Kaninchen wird in die gewünschten Einzelteile zerlegt und mit der zerlassenen Butter und dem Pfeffersenf gleichmäßig bestrichen. Dann wird im Bräter das Öl erhitzt und die Kaninchenteile rundum angebraten. Danach gießt man eine Tasse Milch an, würzt mit Pfeffer und Salz und lässt das Fleisch zugedeckt auf kleiner Flamme garen. Das dauert 70–80 Minuten. Des Öfteren wird etwas Milch nachgegossen. Es soll sich aber nicht zu viel Sauce bilden.

Ist das Fleisch gar, nimmt man die Kaninchenteile heraus, richtet sie auf einer vorgewärmten Platte an, verrührt die Sauce mit der Sahne und gießt sie über die Fleischstücke. Dazu passen verschiedenes Gartengemüse, Kartoffeln, Spätzle oder auch Nudeln.

Zutaten für 4 Portionen

1	küchenfertiges Kaninchen
6 EL	Pfeffersenf
2 EL	Speiseöl
2	Tassen Milch
4 EL	Küchensahne
etwas	zerlassene Butter, Salz und Pfeffer

Wenn die Senfherstellung nicht viel spannender wäre, könnte man sie auf einen einfachen Nenner bringen: Senf wird aus gemahlener Senfsaat, vermischt mit Wasser, Essig oder Most unter Zugabe von Zucker, Salz und Gewürzen zubereitet. Schon bei der zu mahlenden Senfsaat gibt es einen Unterschied, denn die weiße – oder auch gelb genannte – Senfsaat besitzt einen milden Geschmack, während die schwarzen – oder auch braun genannten – Senfkörner kräftig scharf schmecken. Je nachdem, wie das Mischungsverhältnis von gelben und braunen Senfkörnern gestaltet wird, lässt sich Senf mit sehr unterschiedlichen Schärfegraden herstellen. Diese Palette reicht von mild über mittelscharf bis extrascharf.

Senf oder Mostrich, das ist hier die Frage!

Die Senfkörner werden fein gemahlen und mit den genannten Zutaten vermischt. Beim Zusatz von Essig spricht man von Senf. Ersetzt man Essig durch Traubenmost, spricht man von Mostrich. Diese Variante der Herstellung hat ihren Ursprung in der Mitte des 17. Jahrhunderts, als in der Hauptstadt des Burgund, Dijon, und der näheren Umgebung erstmalig Senf mit dem Most von unreifen Weintrauben (verjus = grüner Saft) hergestellt wurde. Damals hatte Dijon das alleinige Recht zur Produktion von Senf. Der berühmte „Moutarde de Dijon" genießt auch heute noch einen hervorragenden Ruf als heller, scharfer Senf mit dem köstlichen Weißweingeschmack. Inzwischen darf dieser Edelsenf nach dem Originalrezept weltweit hergestellt werden. Eine weitere Besonderheit bei der Herstellung ist das Sieben der gemahlenen Senfsaat, um alle Schalenreste zu entfernen. Aus der Region Dijon wird noch immer rund die Hälfte des weltweit verbrauchten Senfes geliefert!

Matjesfilet in feuriger Teufelssauce

Die Matjesfilets etwa eine Stunde in Milch einlegen. Das Tomatenketchup mit den in kleine Würfel geschnittenen Gewürzgurken, den gehackten Kapern, der Sojasauce und dem Pfeffersenf verrühren, mit Salz, Pfeffer und Cayennepfeffer abschmecken.

Die gewaschenen Frühlingszwiebeln werden in sehr feine Ringe geschnitten. Einige der weißen Zwiebelringe behält man zurück, den größeren Teil gibt man komplett mit den in Streifen geschnittenen Matjesfilets in die Sauce. Bevor die Fischfilets geschnitten werden, sollte man darauf achten, dass diese mit Küchenkrepp gut trocken getupft wurden.

Der Blattsalat wird in feine Streifen zur Chiffonade geschnitten. Davon gibt man in große Cocktailschalen jeweils 1–2 Esslöffel als Grundlage und richtet darauf die marinierten Matjesstreifen an. Obenauf gibt man dann zur Dekoration einige Frühlingszwiebelringe und Schnittlauchröllchen.

Dazu reicht man Graubrottoast oder Schwarzbrotecken.

Zutaten für 4 Portionen

8	Matjesfilets
1/4 l	Milch
250 g	Tomatenketchup
1	große Gewürzgurke
1 TL	Pfeffersenf
1 TL	Kapern
1 EL	Sojasauce
1 Bund	Frühlingszwiebeln
1 Bund	Schnittlauch
1 Kopf	Blattsalat
etwas	Salz und Pfeffer, Cayennepfeffer

Altthüringer Heringssalat nach Holzfällerart mit einer Spur Knoblauchsenf

Zutaten für 4 Portionen

5	Heringsfilets gehäutet und gut gewässert
130 g	harte Rotwurst
130 g	harte Knackwurst
130 g	Jagdwurst
1	mittelgroße Zwiebel
1	säuerlicher Apfel
2	mittelgroße saure Gurken
2 EL	Speiseöl
1 TL	Knoblauchsenf
1/8 l	saure Sahne
1 Prise	Zucker
etwas	Salz und Pfeffer

Die gut gewässerten und enthäuteten Heringsfilets in fingerdicke Streifen, die Wurst, Zwiebeln, Äpfel und sauren Gurken in kleine Würfel schneiden und gut mischen.

Die saure Sahne verrührt man mit dem Knoblauchsenf und dem Speiseöl, schmeckt mit einer Prise Zucker, weißem Pfeffer aus der Mühle und etwas Salz ab.

Nun hebt man die geschnittenen Salatzutaten vorsichtig unter die Marinade und lässt den Salat zugedeckt mindestens einen Tag am kühlen Ort stehen, damit er gut durchzieht.

Dazu schmeckt frisches Bauernbrot.

Schellfisch mit Pilzen im Römertopf zubereitet

Den Fisch schuppen, säubern und portionieren, mit Pfeffer, Salz, Fischgewürz und Zwiebelsenf gleichmäßig marinieren. Um zusätzliches Fett zu sparen, gibt man den Fisch anschließend in einen eingeweichten Römertopf. Das gleiche Gericht lässt sich aber auch mit etwas Pflanzenfett in einem anderen Gefäß zubereiten.

Die Pilze werden gründlich geputzt und in Scheiben geschnitten. Die Tomaten häutet man, entkernt sie und schneidet sie in dünne Filets. Pilze und Tomatenfilets kommen zum vorbereiteten Fisch und werden ebenfalls mit Pfeffer und Salz gewürzt.

Nun gießt man die Kraftbrühe an, und im vorgeheizten Ofen wird das Fischgericht etwa 35 Minuten bei 200 °C gegart. Vor dem Servieren streut man die gehackte Petersilie obenauf. Der Schellfisch wird im Römertopf serviert und am Tisch vorgelegt.

Als Beilage eignen sich Salz- oder Kräuterkartoffeln.

Zutaten für 4 Portionen

1 kg	Schellfisch ohne Kopf
	Saft einer Zitrone
1 TL	Zwiebelsenf
250 g	Champignons
150 g	Pfifferlinge
150 g	Steinpilze
250 g	Tomaten
1/8 l	Kraftbrühe
1 EL	fein gehackte Petersilie
etwas	Fischgewürz,
	Salz und Pfeffer

Räuchermatjesfilet im Bohnen-Chutney

Zutaten für 4 Portionen

600 g geräucherte Matjesfilets

Für das Bohnen-Chutney,

das man auf Vorrat kochen sollte,
benötigt man:

500 g grüne Bohnen
1/2 TL Salz
300 g Zwiebeln
1/4 l Weinessig
1 TL Maismehl
500 g Farinzucker (brauner Zucker)
1 EL Pfeffersenf
1 TL Kurkumapulver

Die Bohnen kalt waschen, abtropfen lassen, die Stielenden und die Spitzen abschneiden und eventuell die Fäden von den Bohnen ziehen. Die Bohnen in schräge Streifen schneiden. 1 l Wasser mit dem Salz zum Kochen bringen, die Bohnen zufügen, zugedeckt bei milder Hitze 25 Minuten kochen lassen, in ein Sieb schütten, abtropfen und abkühlen lassen.

Die Zwiebeln schälen, fein hacken und in 1/8 l Essig glasig kochen. Das Maismehl mit dem restlichen Essig verrühren, den Farinzucker, den Pfeffersenf und das Kurkumapulver zugeben und alles bei mittlerer Hitze unter Rühren einmal aufkochen lassen. Den Topf bis auf einen Spalt zudecken. Den Sud bei milder Hitze weitere 8 Minuten kochen lassen. Die Bohnen und die gekochten Zwiebelstückchen mit dem Essig zum Sud geben. Das Chutney weitere 15 Minuten kochen lassen. Einige Gläser heiß ausspülen und abtropfen lassen. Das Chutney noch heiß in die vorbereiteten Gläser füllen und diese gut verschließen.

Beim Anrichten lege ich mehrere Schleifen vom geräucherten Matjesfilet dekorativ auf den Teller, gebe einen gehäuften Löffel vom Bohnen-Chutney dazu, den Rest reiche ich in einer Sauciere separat. Sehr gut schmecken dampfende Pellkartoffeln dazu.

Scharfes Fischfilet mit Sekt und Wermut

Das gesäuberte Rotbarschfilet wird mit Zitronensaft gesäuert, gesalzen und wenig gepfeffert, mit dem Pfeffersenf beidseitig dünn bestrichen und dann in eine gebutterte feuerfeste Form gelegt.

Im vorgeheizten Ofen wird der Fisch erhitzt, nachdem man ihn mit den restlichen Butterflöckchen belegt hat.

Die feinwürfelig geschnittene Zwiebel wird in der feuerfesten Form mit dem Fisch im Dünstfett glasig geschwitzt. Sie sollte keine Farbe nehmen.

Nun gibt man das in ebenfalls feine Würfel geschnittene Tomatenfleisch über das Fischfilet und begießt alles mit dem Sekt und dem Wermut.

In der Röhre wird der Fisch gar gedünstet. Das dauert etwa 15 Minuten bei 200 °C. Der Fisch wird anschließend aus dem Fond genommen und heiß gehalten. Den Fond mit der Sahne einkochen und nach Geschmack mit Tabasco-Sauce, Zitronensaft, Salz und weißem Pfeffer abschmecken.

Das Fischfilet richtet man auf vorgewärmten Tellern an, begießt es mit der eingekochten Sauce und bestreut es mit der fein gehackten Petersilie.

Zutaten für 4 Portionen

700 g	Rotbarschfilet
3 TL	Pfeffersenf
150 g	von den Kernen befreites gehäutetes Tomatenfleisch
60 g	Butter
1	kleines Bund Petersilie
100 ml	Gotano Wermut weiß
80 g	gehäutete Zwiebel
150 ml	trockener Sekt
50 g	süße Sahne
etwas	Zitronensaft
einige	Spritzer Tabasco-Sauce
etwas	Salz und weißer Pfeffer

Dazu passt eine Vielzahl von Beilagen. Ich empfehle Reis oder Schnittlauchkartoffeln.

Trennt der Weisswurstäquator auch den Senfgeschmack?

Die Frage: „Wer war zuerst da – das Huhn oder das Ei?" ist analog bei süßem Senf und Weißwurst ganz eindeutig zu beantworten. Die Geburtsstunde der Weißwurst soll wie so oft dem Zufall zu verdanken sein. Als am Rosenmontag 1857 dem Münchener Gastwirt Sepp Moser die Schafsdärme für seine Kalbsbratwürstchen ausgingen und ein losgeschickter Lehrling mit Schweinedärmen zurückkam, war es passiert. Moser füllte die Masse in den Schweinedarm und brühte sie im heißen Wasser. Bereits drei Jahre zuvor, also nicht vom Geschmack der Weißwurst beeinflusst, stellte der Unternehmer Johann Conrad Develey fest, dass in der Palette der Senfsorten eine süße Variante fehlte. Zur damaligen Zeit war ein Mann in diesem Metier ziemlich ungewöhnlich, denn die Münchener „Senfszene" wurde fast ausschließlich von Frauen beherrscht.

Der aus einer alten Hugenottenfamilie der französischen Schweiz stammende Develey war als experimentierfreudiger Zeitgenosse bekannt und stellte 1854 erstmals einen süßen Senf her. Zu der üblichen Mischung aus Senfmehl von Gelb- und Braunsenf, Essig und Gewürzen gab er Zucker, der mit glühenden Kohleschürhaken karamellisiert wurde. Das Gemisch wurde aufgekocht und mit einem Sugo (Auszug) aus gesalzenem Wasser, sehr fein gehackten Zwiebeln, Muskatnuss, Nelken und Piment gewürzt und verfeinert. Bei der Weiterentwicklung wurde der Kochvorgang noch verändert; statt karamellisierten „Schürhakenzuckers" setzte man braunen Farinzucker zu. So wurde und wird die Münchener Spezialität mit Weltruf – insbesondere zur Weißwurst – in dieser Form gegessen. Wenn man bedenkt, dass süßer Senf hauptsächlich jenseits des scherzhaft bezeichneten „Weißwurstäquators" verzehrt wird, ist die produzierte Jahresmenge von 1.400 Tonnen schon rekordverdächtig.

Wie, Sie kennen den Weißwurstäquator nicht? So ganz eindeutig ist er auch nirgends definiert. Die Einen meinen einen gedanklichen Kreis mit Radius von 100 Kilometer um die Stadt München, die Anderen behaupten, der Flusslauf der Donau sei diese Linie; die südlich der Donau lebende Bevölkerung beanspruche diesen Kulturraum. Sei es wie es sei: Süßer Senf ist eine Spezialität der Bayern. Hin und wieder sieht man auch mal ein Gläschen in anderen Regionen, aber hauptsächlich, wenn sich Weißwürste auf Abwegen befinden…

DER WEISSWURSTÄQUATOR

Der Weißwurstäquator trennt
Gut von Böse,
Glückseligkeit von Elend,
Frühschoppen von Katerstimmung,
Bier von Pils,
süßen Senf von scharfem,
Monarchie von Demokratie,
Bierkultur von Biermissbrauch,
Maßkrüge von Pilsgläsern,
das wahre Bayern vom Rest der Welt!
In memoriam Ludwig II, Rex Bavariae.

(Verfasser unbekannt)

Gebackene Senfheringe nach Art der Thüringer Hausfrauen

Mehl, Bier, Eigelb, Öl, Salz und Pfeffer mit dem Schneebesen gut verrühren und das steif geschlagene Eiklar vorsichtig unter den Backteig heben.

Die Heringsfilets waschen, mit Küchenkrepp trocken tupfen, mit Salz und Pfeffer aus der Mühle würzen und beidseitig dünn und gleichmäßig mit Thüringer Küchensenf bestreichen. Die in feine Würfel geschnittene Zwiebel auf den bestrichenen Fischfilets verteilen und in Mehl vorsichtig wenden. Nun die Heringsfilets durch den Backteig ziehen und im heißen Pflanzenöl knusprig ausbacken.

Die Senfheringe werden auf dem Anrichteteller mit einem Petersiliensträußchen garniert; dazu reichen wir einen Kartoffelsalat mit viel Gemüse, naturell oder mit Rahm gebunden. Auch Blattsalate oder Tomatensalat passen sehr gut dazu.

Zutaten für 4 Portionen

1 kg	Filets von frischen grünen Heringen
3 EL	Thüringer Küchensenf
1	mittelgroße Zwiebel
1	Bund Petersilie
80 g	Weizenmehl
etwas	Salz, Pfeffer aus der Mühle, Öl zum Backen

Für den Backteig

1/8 l	Pilsener Bier
1	Ei
125 g	Weizenmehl
1 EL	Sonnenblumenöl
etwas	Salz und Pfeffer

Gedünstetes Zanderfilet mit der etwas anderen Senfsauce

Zutaten für 4 Portionen

700 g	Zanderfilet
1 EL	Fischwürze, z. B. Maridor
50 g	Butter
100 ml	Weißwein

Für die Sauce

100 g	Butter
4 EL	Küchensenf
150 ml	Kochsahne
2	hart gekochte Eigelb
1 EL	fein gehackte Petersilie
etwas	Zitronensaft

In einer Kasserolle wird das gewürzte Zanderfilet mit etwas Weißwein zum Dünsten angesetzt. Obenauf setzt man einige Butterflöckchen. Zugedeckt werden die Zanderfilets bei milder Hitze ca. 20 Minuten gar gedünstet.

Inzwischen wird die Sauce zubereitet, indem die Butter zerlassen und darin der Senf glatt gerührt wird. Nun fügt man die Kochsahne zu und bringt es langsam zum Kochen. Die hart gekochten Eigelbe werden durch ein Haarsieb gestrichen und zur Sauce gegeben. Dieses eignet sich vorzüglich zum Sämigmachen von Saucen.

Nun noch mit etwas Zitronensaft abgeschmecken und gründlich glatt rühren. Kurz vor dem Servieren wird die gehackte Petersilie zugefügt. Die Zanderfilets werden beim Servieren mit reichlich Senfsauce überzogen. Dazu empfehle ich zarte Pellkartöffelchen und einen bunten Salatteller der Jahreszeit.

Norwegischer Senffisch

Die gesäuberten Fischfilets salzen und in ein mit Speiseöl gefettetes flaches, feuerfestes Gefäß legen, mit dem gehackten Dill bestreuen und wenig Wasser angießen. Zugedeckt in der Röhre vorsichtig gar ziehen lassen.

Die Butter erhitzen, mit der fein gehackten Zwiebel leicht bräunen, die gehackten Kapern zugeben und die Zwiebelbutter mit dem Kräutersenf pikant abschmecken. Die fast garen Fischfilets mit der in feine Streifen geschnittenen gekochten Rote Bete belegen, mit der Zwiebel-Senf-Buttermischung begießen und nochmals in den Ofen schieben, bis die Fischfilets fertig und gut durchgezogen sind.

Dazu schmecken gekräuterte Kartoffeln oder auch Reis sehr gut.

Zutaten für 4 Portionen

1 kg	Rotbarsch- oder Seehechtfilet
100 g	Butter
1	mittelgroße Zwiebel
1 EL	Speiseöl
2 EL	Kräutersenf
2 EL	Kapern
200 g	gekochte Rote Bete
1 Bund	Dill
etwas	Salz und weißer Pfeffer

Seinen Senf dazugeben, das heisst...

Gib nicht überall deinen Senf dazu! – Wie oft haben wir diesen Ausspruch schon gebraucht oder gehört, ohne über den Ursprung der Redewendung wirklich nachzudenken. Dabei ist es oft ganz wichtig, den passenden Senf dazu zu geben. Was wäre die Thüringer Rostbratwurst ohne Senf? Für die Skandinavier ist der gebeizte Lachs mit Dillsenf ein Muss. Oder denken Sie nur an die Boulette der Berliner. Ohne Senf blieben sie wohl in der Pfanne oder in der Kühlvitrine liegen – ganz gleich, ob man sie warm oder kalt verzehrt.

Aber zur Sache. Wir wissen natürlich, dass der Ausspruch eigentlich nichts mit dem Essen zu tun hat. Oder doch?

Klar ist, dass man den Spruch meistens dann benutzt, wenn sich jemand ungefragt in ein Gespräch einmischt oder ungebeten einen Kommentar abgibt. Bei meinen Recherchen, weshalb dabei der Senf ins Spiel kommt, erfuhr ich, dass der Gebrauch der Redewendung bis ins 17. Jahrhundert zurückreicht. Senf wurde schon damals gern zum Aufwerten von Speisen genommen. Es handelte sich seinerzeit sogar um eine sehr kostbare Beigabe. Oft gaben die Wirte – ohne den Gast zu fragen – Senf zu den servierten Gerichten, mitunter selbst dann, wenn er gar nicht zum Gericht passte. Das konnte genauso unangenehm sein wie ein ungebetener Rat. So wurde aus der Gewohnheit der damaligen Wirte der Ausspruch, der uns wohl auch weiterhin begleiten wird. Da die Geschichte so schön ist, hoffen wir, dass sie auch stimmt... Wer es besser weiß, soll seinen Senf dazugeben.

Keine Party und kein Grillfest ohne Senf

Welsh Rarebit – die berühmten Käsewürzbissen zu Bier und Wein

Aus dem Toastbrot kleine Toaste in beliebiger Form ausstechen, diese goldgelb rösten, anschließend buttern und auf einer feuerfesten Platte dicht aneinander anrichten.

Den Biersenf mit dem Bier verrühren und leicht einkochen. Nun den in sehr kleine Stücke geschnittenen oder geriebenen Chesterkäse darin auflösen. Mit Cayennepfeffer abschmecken und, wenn der Käse vollständig aufgelöst ist, neben dem Feuer 20 g Butter zufügen.

Diese Mischung heiß über die Toaste gießen, so dass diese vollständig überzogen sind. Danach werden sie sehr schnell im heißen Salamander/Grill goldgelb überbacken. Sofort servieren!

Zutaten für 4 Portionen

6	Scheiben Toastbrot
	Butter
1/4 l	Pilsener Bier
2 TL	Biersenf
100 g	Chesterkäse
1	Messerspitze Cayennepfeffer

Die auch als Walliser Toaste bekannten Käsewürzbissen sind ein echter Klassiker und schmecken sowohl zum Bier als auch zum Wein.

Senfbutter als feine Ergänzung zu gegrilltem Fleisch und Fisch sowie gebratenen Innereien

Die weiche Butter wird mit dem Senf am Besten im Rührgerät gut verrührt. Mit Pfeffer und Salz abschmecken. Bereitet man Senfbutter auf Vorrat, so empfehle ich, diese nach der Fertigstellung in einen Spritzbeutel mit Sterntülle zu füllen und kleine Rosetten auf Pergamentpapier zu spritzen. Nach dem Abkühlen im Kühlschrank können die Rosetten auf Gurken- oder Zitronenscheiben gesetzt und an das jeweilige Gericht angelegt werden.

Für 150 g Senfbutter benötigt man

125 g	Butter
2 EL	Senf
etwas	Salz,
	Pfeffer

Köstritzer Nackenbraten vom Schwein aus der Senfbeize mit einer Honig-Bier-Glasur

Zutaten für 4 Portionen

1 kg	Schweinenacken
4 EL	mittelscharfer Senf
2 EL	Speiseöl
2	Knoblauchzehen
etwas	Salz und Pfeffer, Kümmel, Majoran
0,1 l	Pilsener Bier
1/2	Tasse Honig
3 EL	Apfelessig

Der gewaschene und wieder trocken getupfte Schweinenacken wird mit einem Pfeffer-Salz-Gemisch kräftig rundum gewürzt und gleichmäßig mit Senf bestrichen. Das Speiseöl vermischt man mit den zerquetschten Knoblauchzehen, dem Kümmel und dem Majoran. Mit dieser Gewürzölbeize wird anschließend der Schweinenacken bestrichen, auf einem Spieß befestigt und möglichst auf einem Drehgrill gegart. Während der Garzeit von etwa 90 Minuten wird er öfter mit dem restlichen Gewürzöl bestrichen. Kurz vor Ende der Garzeit bestreicht man den Braten zum Glasieren mit einer Mischung aus Köstritzer Edel-Pils, Honig und Apfelessig. Diesen Vorgang wiederholt man so lange, bis alles verbraucht ist.

In dicke Scheiben geschnitten ist der Nackenbraten auf jedem Grillbüfett eine Bereicherung. Man isst dazu Bauernbrot oder Kartoffelsalat, Rohkost oder eine andere Beilage nach Wahl.

Köstritzer
Bier-Senf

Original Thüringer Bratrost

THÜROS®

Das Spiel mit dem Feuer. Beim Thüros ist immer ausreichend Feuer im Grill!

Der Trend geht eindeutig hin zu höherwertigen, langlebigen und komfortablen Grillgeräten. THÜROS hat hier schon vor 10 Jahren Maßstäbe gesetzt und konsequent nur hochwertigen, antimagnetischen Edelstahl für die Grillproduktion eingesetzt. Das Unternehmen verbesserte in den vergangenen Jahren kontinuierlich die Qualität und die Vielfalt der Produkte. Natürlich arbeitet die THÜROS-Gestelltechnik nach dem Qualitätsmanagement und ist nach ISO 9001 zertifiziert.

Durch das große Angebot, welches THÜROS *mittlerweile zu bieten hat, wurde es in vielen Einkaufsketten, wie Metro, Rewe, Praktiker, Globus, Dehner, Edeka, Marktkauf, Hellweg, Mobau, Hagebau, Bauhaus, bei Versendern und beim einschlägigen Großhandel gelistet.*

Wussten Sie schon...
dass auf dem THÜROS-Gelände eine weitere Attraktion steht? Der größte Kaminzuggrill der Welt, welcher ins Guinnes Buch der Rekorde 2000 eingetragen ist. Der THÜROS „Riese" ist 4 m hoch und wird zu vielen Events rund ums Grillen, wie nationale und internationale Grillmeisterschaften oder im letzten Jahr anlässlich der Jubiläumsfeierlichkeiten – 600 Jahre Thüringer Bratwurst auf dem Domplatz in Erfurt, eingesetzt.

Die Edelstahlgrillauflagen (Standard bei THÜROS) werden zusätzlich noch elektropoliert. So lassen sie sich leichter reinigen und sind absolut lebensmittelecht und unverwüstlich.

THÜROS Grills sind vollständig oder in Baugruppen im Punktschweißverfahren endgefertigt, also kein oder nur geringster Montageaufwand (keine oder sehr wenige Schraubverbindungen) – kaufen, auspacken und sofort Grillen.

Der integrierte Kaminzugeffekt garantiert schnelles, problemloses Anheizen (schon 10–15 Minuten nach dem Anzünden kann man anfangen zu grillen) und den sparsamen Verbrauch an Holzkohle.

Kaminzug - Grill
BORN SENF

Ein reichhaltiges Zubehörsystem mit unbegrenzter Nachkaufgarantie macht die Grillgeräte zu wahren Alleskönnern.

Zu allen Modellreihen gibt es seitliche Ablagen, Räucheraufsätze, Wokaufsätze, Brathauben, verschiedene motorgetriebene Fleischspieße, motorgetriebene Fleischkörbe, diverse Fleischhalter, hintere Kohleschächte zum indirekten Grillen, Windbleche zur Höhenverstellung des Grillrostes, Deckel, Bratschalen und vieles mehr.

Neu ist auch eine Grilltrommel, mit der man ca. 10 Bratwürste oder auch Fleischstücke und/oder Gemüse und anderes automatisch brutzeln kann.

Das neuentwickelte Zubehör passt auch immer auf einen „alten" THÜROS.

So kann, einzigartig auf dem Gerätemarkt, jeder „schon" THÜROS-Griller an der Vervollkommnung des Grillsystems teilhaben, ohne ständig ein neues Grundgerät kaufen zu müssen.

THÜROS produziert auch zwei Profigrillstationen, die – was ebenso einzigartig ist – ohne aufwändigen Umbau mit Holzkohle oder Gas betrieben werden können.

Mit den großen fahrbaren Grillstationen von THÜROS kann man gleichzeitig räuchern und grillen bzw. backen und kochen.

Auch Grillstationen, Profigrills und die Zubehörteile werden nur aus hochwertigem Edelstahl gefertigt.

www.thüros.de
THÜROS®

Pfiffige Partygurke nach Art der Thüringer Senfmüller

Zutaten für 4 Portionen

2	grüne Gurken (15–20 cm lang)
1/2 TL	Salz
2	grätenlose Sardinen
125 g	gekochter Schinken in Scheiben geschnitten und gewürfelt
2 hart	gekochte Eier, grob gehackt
2 TL	fein gehackte Zwiebeln
2 EL	fein gehackte saure Gurken
1 TL	Kräutersenf
2–4 TL	Majonäse

Die Gurken werden an den Enden abgeschnitten, geschält, mit einem langen Löffel ausgehöhlt und mit etwas Salz ausgerieben. Nach etwa 15 Minuten müssen die Gurken innen mit Küchenkrepp sorgfältig ausgetrocknet werden.

Die Sardinen püriert man und gibt Schinken, Eier, Zwiebeln, saure Gurken, Kräutersenf und 2 EL Majonäse dazu. Die Masse muss sich mit dem Löffel formen lassen. Mit Salz abschmecken.

Wenn die Füllung mit dem Löffel in die Gurken gedrückt ist, wickelt man sie einzeln in Alufolie und legt sie für ca. 2 Stunden in den Kühlschrank.

Vor dem Servieren werden die Gurken schräg in etwa 1 cm dicke Scheiben geschnitten.

Tabarzer Bauernbrot-Partyschnitte

Das Brot wird so geschnitten, dass die Scheiben am unteren Ende noch zusammenhängen.

Die Majonäse mit Zitronensaft, Knoblauchsenf, Salz und Pfeffer verrühren, die Schinkenwürfel, gehackte Eier und den Schnittlauch unterheben.

Nun wird die Mischung zwischen die Brotscheiben gefüllt und leicht zusammengedrückt. Das Brot mit der zerlassenen Butter bepinseln. Im auf 200 °C vorgeheizten Backofen werden die gefüllten Brotscheiben etwa 5 Minuten gebacken.

Mit einem gewaschenen Kopfsalatblatt garniert bringt man die Partyschnitten sofort knusprig zu Tisch.

Zutaten für 4 Portionen

4	doppelte Bauernbrotscheiben
60 g	Majonäse
1 TL	Zitronensaft
1 TL	Knoblauchsenf
je 1	Messerspitze Salz und gemahlener weißer Pfeffer
180 g	feinwürflig geschnittener Saftschinken
2	fein gehackte hart gekochte Eier
2 EL	Schnittlauchröllchen
2 EL	zerlassene Butter
4 Blätter	geputzter Kopfsalat

Eine schnell zu fertigende Leckerei, originell und gut passend zu Bier und Wein.

Senf ist nicht einfach ein Scharfmacher

Will man einem Gericht Schärfe verleihen, dann kann man dies nicht einfach durch die Zugabe von Senf erreichen. Dazu ist die Palette der Senfsorten zu groß. Die erstaunliche Vielfalt der Geschmacksrichtungen und Schärfe wird durch das Mischungsverhältnis von schwarzer und weißer oder auch brauner und gelber Senfsaat erzielt. Während die dunkle Senfsaat einen ausgeprägt scharfen und kräftigen Geschmack – aber ohne Nachbrennen – hat, sind die hellen Senfkörner wesentlich milder. Dabei schmecken die unscheinbaren Körner gar nicht scharf. Erst beim Zerkauen wird ihre Schärfe freigesetzt. Diese stammt vom Inhaltsstoff Allyl-Senföl, das in der dunklen Senfsaat reichlicher vorkommt. Will man also einen scharfen Senf herstellen, muss der Anteil Schwarz- oder Braunsenfsaat besonders hoch sein. Extra scharfe Sorten bestehen sogar ausschließlich aus dunkler Senfsaat.

Das Handwerk der Senfherstellung ist aber viel komplizierter, als dass man es nur mit der Mischung von heller und dunkler Senfsaat erklären kann. So hat zum Beispiel der Rotisseur-Senf, den man zu kurz gebratenem Fleisch reicht, eine grobe Konsistenz. Beim Düsseldorfer Senf wird das Senfmehl nicht entölt, weshalb er besonders viel Schärfe besitzt. Delikatess- oder Tafelsenf wird überwiegend aus heller Senfsaat hergestellt und besitzt eine milde bis mittlere Schärfe. Mit seinem süßen Geschmack tanzt der bayerische Weißwurstsenf ganz aus der Reihe.

Durch die Beigabe von Zusatzstoffen wird die Vielfalt der Senfsorten noch beträchtlich erweitert. Das können Kräuter, wie z. B. Petersilie, Estragon, Majoran oder Dill sein, aber auch die sehr gut harmonierenden Beigaben Meerrettich und Knoblauch, der Allroundkünstler Bärlauch, Pfeffer oder Honig und sogar Orangen oder Spirituosen und Bier, um nur einige zu nennen. Selbst die Schärfe des scharfen Senfes kann mit Chili und Paprika noch „aufgepeppt" werden. Scheinbar kennt der Senfgeschmack keine Grenzen, und in der Tat ist der Wohlgeschmack der Senfverbraucher von Region zu Region recht unterschiedlich. Die Senfproduzenten sind allemal „Künstler in der Manege". Wünschen wir allzeit glückliche Hände beim Jonglieren mit Sinapis Alba (gelbe Senfsaat), Brassica Juncea (braune Senfsaat) und Brassica Nigra (schwarze Senfsaat)!

Soleier mit Berliner Senfstippe

... mag nicht nur der Berliner. Man rechnet pro Person etwa 3 Eier. Verzehrt werden sie nach einem kleinen Ritual: Ein Ei aus der Sole nehmen, schälen, längs halbieren, Eigelb auslösen. Essig, Öl, Küchensenf, Pfeffer und Tomatenmark nach eigenem Geschmack gemischt in die Höhlungen geben, Eigelbhälften darauf setzen und das Ganze in den Mund schieben.

Das Wasser mit dem Salz und den Zwiebeln aufkochen lassen, die Eier hineinlegen. Vom neuerlichen Sieden an 12 Minuten kochen. Vom Herd nehmen und die Eier im Kochwasser erkalten lassen. Herausnehmen, die Eierschale rundum etwas anschlagen. Die Eier in ein großes Glas schichten. Salzwasser (Sole) darüber gießen, bis die Eier bedeckt sind. Mindestens zwei Tage ziehen lassen.

Für die Sole benötigt man

2 1/2 l	Wasser
125 g	Salz
2–3	kleinere Zwiebeln
24	Eier

Herzhafter Kartoffelsalat mit der Raffinesse eines Thüringer Spezialsenfes

Zutaten für 4 Portionen

500 g	gekochte Pellkartoffeln
1	fein gehackte Zwiebel
1	fein gehackte Essiggurke
1/2	Tasse Majonäse
2 TL	Knoblauchsenf
2 EL	Joghurt
2 EL	gehackte Petersilie
4	hart gekochte Eier
1–2 EL	Weinessig
etwas	Salz und weißer Pfeffer

Die gepellten Kartoffeln in dünne, nicht zu große Scheiben schneiden. Majonäse, Joghurt, Essig und Knoblauchsenf gut miteinander verrühren, mit Salz, Pfeffer und gehackter Petersilie abschmecken und die in feine Würfel geschnittene Essiggurke und Zwiebel untermischen. Die Eier halbieren, die Eidotter herausnehmen, durch ein Sieb streichen und wie das fein gehackte Eiweiß zum Majonäsegemisch geben.

Die fertig abgeschmeckte Sauce über die Kartoffeln gießen und vorsichtig mischen. Gut durchziehen lassen und danach gegebenenfalls mit der oben genannten Würze nachschmecken.

Zu diesem köstlichen Salat schmecken z. B. die berühmte Thüringer Rostbratwurst, das Rostbrätl oder ganz einfach ein paar heiße Wiener Würstchen.

Hirtenspiess fürs Grillfest in einer Senf-Basilikum-Marinade

Das Schweinefleisch und die geputzten Nieren in Würfel mit etwa 2 cm Kantenlänge schneiden. Öl, Kräutersenf und sehr fein gehacktes Basilikum miteinander verrühren, womit die Würfel von Schweinehüfte und Niere möglichst 2–3 Stunden mariniert werden.

Der durchwachsene Speck wird in Scheiben geschnitten, die Paprikaschoten halbiert, entkernt und in gleichmäßig große Stücke geschnitten. Die gewaschene Aubergine wird vom Stielansatz befreit, in 2 cm dicke Scheiben geschnitten, die wiederum geviertelt werden. Die Zwiebeln schneidet man in Keile, die man zu einzelnen Stücken auseinander blättert.

Das marinierte Fleisch wird abwechselnd mit Speck, Zwiebel und Gemüse auf Schaschlikspieße aufgesteckt. Am besten schmecken die Hirtenspieße, wenn man sie auf dem Holzkohlerost brät. Eventuell abgetropfte Marinade kann man mit einem Löffel während des Bratvorganges immer wieder auf den Spießen verteilen.

Frisches Bauernbrot, aber auch knusprige Bratkartoffeln oder sogar Reis können gute Begleiter der Hirtenspieße sein.

Zutaten für 4 Portionen

300 g	Schweinehüfte
200 g	geputzte Schweinenieren
120 g	durchwachsener Speck
2	mittelgroße Zwiebeln
ca. 300 g	Paprikaschote rot, grün und gelb gemischt
100 g	Aubergine
3 EL	Speiseöl
1 TL	Kräutersenf,
2	Zweige Basilikum
etwas	Salz und Pfeffer

Thüringer Rostbrätl nach meinem Spezialrezept

Zutaten für 4 Portionen

4	Kammsteaks vom Schwein à 150 g
3	große Gemüsezwiebeln
0,25 l	Pilsener Bier
2	Knoblauchzehen
1	kleines Bund Petersilie
4	Zweige junges Tannengrün
80 g	Weizenmehl
etwas	Speiseöl, Biersenf, Salz und Pfeffer
1	Lorbeerblatt
1	kleiner Zweig Thymian

Die Kammsteaks werden plattiert und mit Pfeffer aus der Mühle gewürzt. Nun legt man sie in ein geruchsneutrales Gefäß (z. B. Steingut), das man mit gewaschenen Zweigen von jungem Tannengrün ausgelegt hat. Auf die Steaks gibt man die in feine Scheibchen geschnittenen Knoblauchzehen, die Petersilienstiele und die feinen Streifen einer Zwiebel. Bevor das Ganze mit Bier aufgefüllt wird, kommen noch das Lorbeerblatt und der Thymian in zerpflückter Form auf das Fleisch.

Nun deckt man alles gut ab oder verschließt das Gefäß mit Frischhaltefolie. Die so genannten Rostbrätl sollen im Kühlschrank einen Tag gut marinieren.

Ist der Holzkohlerost auf Temperatur, entnimmt man die Steaks aus der Marinade, lässt sie gut abtropfen und brät sie bei hoher Grilltemperatur saftig. Die restlichen Zwiebeln schneidet man in Ringe, mehliert diese und backt sie in heißem Pflanzenöl knusprig aus. Auf Küchenkrepp lässt man das anhaftende Öl gut abtropfen.

Die fertig gebratenen Rostbrätl würze ich mit Salz und bestreiche sie dünn mit Biersenf. So kann man das herrliche Senfaroma sehr gut genießen. Auf die Rostbrätl kommen die knusprigen Zwiebelringe und die gehackte Petersilie. Man kann sie auf Brot anrichten oder mit Kartoffelsalat bzw. Bratkartoffeln reichen.

Der Spreewald und seine Senfgurke – eine Köstlichkeit für allerlei Gelegenheiten

Während für Gewürzgurken oder auch für die beliebten Salzgurken junge, kleine Gurken ausgesucht werden, bevorzugt man für die Herstellung von Senfgurken ausgewachsene vollfleischige Exemplare. Hier mein Rezept, nach dem ich die köstlichen Gurken nach Spreewälder Art herstelle:

Zutaten

1,2 kg	grüne Gurke
3 EL	Zucker
30 g	helle Senfkörner
100 ml	Kräuteressig
1 1/2	TL Salz
1	mittelgroße Zwiebel oder besser noch,
100 g	Perlzwiebeln
40–50 g	frische Meerrettichstange

Die geschälten Gurken werden längs halbiert und mit einem Löffel das Kernfleisch ausgeschabt. Nun schneidet man die Gurken in fingerdicke „Halbmonde". Die Zwiebel wird geschält, halbiert und in Scheiben geschnitten. Perlzwiebeln werden nur gesäubert und gepellt. Man lässt sie im Ganzen. Den geschälten Meerrettich schneidet man in dünne Stifte bzw. Streifen. Danach werden die geschnittenen Gurken mit allen anderen Zutaten gut vermischt, und an kühlem Ort lässt man alles zugedeckt in einem Gefäß über Nacht ziehen. Dabei bildet sich ein aromatischer eigener Saft. Am nächsten Tag werden die Gurken mit dem Saft in Gläser gefüllt und 10 Minuten eingeweckt. Senfgurken sind so eine schnelle und köstliche Beigabe für kalte Speisen von Fleisch, Wurst, Fisch u. a.

Befragt man Besucher des schönen Thüringens aus dem In- und Ausland nach unseren kulinarischen Leckereien, so erhält man oft noch vor den köstlichen Klößen die Thüringer Bratwurst als Antwort. Als zusätzliches Qualitätsmerkmal wird das Braten auf dem Holzkohlerost genannt. Aber was wäre die Thüringer Rostbratwurst ohne die so typische Senfspur?

Ein Thüringer Original, das auch seinen Senf braucht

Erst mit Senf wirkt die Wurst so stimulierend und löst oft das Begehren nach einem weiteren Exemplar aus. Schließlich wirkt die braune Würzpaste herrlich appetitanregend. Wer die Thüringer Spezialität Nr. 1 stilgerecht genießen möchte, sollte auch beim Senf wählerisch sein und ein Thüringer Produkt aufstreichen. Wie wir es vom Senf kennen, steht auch bei der Bratwurst oft die Frage: Wer produziert die Beste? Da wir Menschenkinder glücklicherweise einen unterschiedlichen Geschmack haben, wird die Frage wohl nie erschöpfend beantwortet. Fest steht aber, dass der Fleischmarkt Aschara in der Nähe der Kurstadt Bad Langensalza die Auszeichnung „Beste original Thüringer Bratwurst“ besitzt. In dieser Region mit großer landwirtschaftlicher Tradition wird vom Anbau der entsprechenden Kulturpflanzen über die Viehzucht, die Schlachtung bis zur Verarbeitung zu Thüringer Spezialitäten alles im Komplex betrieben. Hier erhält man wirklich Gutes aus einer Hand! Immer wieder hört man Diskussionen über die Inhaltsstoffe der Thüringer Rostbratwurst. Dabei sind diese – ähnlich dem Reinheitsgebot des Bieres – eindeutig festgelegt. In die original Thüringer Rostbratwurst gehören nur reines Schweinefleisch und zur Würze Salz, Pfeffer, Majoran und Kümmel. Auch der Fettanteil darf höchstens 25 % betragen. Die Masse muss im Naturdarm abgefüllt sein und selbst die Wurstlänge ist mit 15 bis 20 cm definiert. So ist die Thüringer Rostbratwurst seit dem 6. 1. 2004 als Markenzeichen EU-weit geschützt. Im Ostthüringer Raum wird sie übrigens als „Roster“ bezeichnet – eine kleine, aber wenig bedeutsame Besonderheit. Qualitativ kann man auch hier die Beste erwarten.

Die M. Biedermann Senfmühle Berlin-Weißensee ist die letzte handwerkliche Senfmühle Berlins. Im Jahr 2006 kann auf eine 150-jährige Firmengeschichte zurückgeblickt werden.

Biedermann's-Klassiker *wird nach der Originalrezeptur aus der Gründungszeit der Firma hergestellt. Er passt zu allen Speisen, welche mit Senf eine Geschmacksaufwertung erhalten sollen. Besonders gut eignet er sich zur klassischen Bockwurst. Gerade in Berlin wurde die Bockwurst richtig hoffähig gemacht. An „jeder" Ecke gab es eine „Bockwurstbude".*
Zur Wurst gehörte und gehört auch noch heute ein guter Senf.

Der **Premium-Senf** *mit Sahnemeerrettich ist eine Neuentwicklung. Schon jetzt hat er zahlreiche Liebhaber gefunden. Eigentlich wurde er zu feinen Fischgerichten entwickelt. Doch man sollte auch der Experimentierfreudigkeit an zahlreichen Fleischgerichten freien Lauf lassen.*
Auch als Brotaufstrich ist dieser Senf ein Genuss.

Der feinwürzige **Tafel-Meerrettich** *rundet die Produktionspalette ab. Bei allen Speisen, die man mit Meerrettich in Verbindung bringen kann, sollte diese spritzige Würze nicht fehlen.*

Es ist nicht gleich, zwischen welche Mühlsteine die Senfsaat gerät

Mit den Mühlsteinen der Senfmühle muss es etwas Besonderes auf sich haben, so viel war mir schon beim ersten Senfmühlenbesuch in Kleinhettstedt nahe Stadtilm bewusst. Beinahe geheimnisvoll kamen diese immer wieder im Frage-Antwort-Gespräch der Mühlenmeister vor. Dass es hier jeweils ein Granit- und ein Basaltmühlsteinpaar sind, zeigte mir, dass das unterschiedliche Steinmaterial keinen Einfluss auf die Senfqualität hat. Nach alter Tradition werden die besten Senfsorten auch heute noch zwischen Steinen gemahlen.

Zuerst werden die Senfkörner auf einem Glattwalzenstuhl zu Senfmehl gemahlen. Das geschieht in Kleinhettstedt aus dem vollen Korn, im Gegensatz zur Senfgroßproduktion, bei der die Senfsaat vor dem Mahlen oft noch entölt wird. Die kleinen Senfkornperlen erinnern danach etwas an „Miniatur-Haferflocken". Nun werden sie im Bottich zur Maische angesetzt. Dieser Brei wird 12–13 Stunden zu einer Paste gerührt und kommt dann auf die Mühlsteine, die sich in Kleinhettstedt 55-mal pro Minute drehen. Weil es sich um Steine – und nicht etwa um Stahlwalzen – handelt, entsteht keine Wärme, die die empfindlichen ätherischen Öle schädigen und damit das Geschmackserlebnis beeinträchtigen könnte. Beim Mahlen wird das Aroma der Öle zur Entfaltung gebracht und der Grundstein für eine lang anhaltende Würzkraft gelegt.

Mühlsteine nutzen sich sehr langsam ab. Dennoch müssen die Riefen, durch die die Maische abfließt, hin und wieder nachgeschliffen werden. Da die Abnutzung nicht gleichmäßig geschieht, erfordert das Nachschleifen sehr viel Erfahrung und Fingerspitzengefühl. Nur noch von sehr wenigen Menschen wird dieses uralte Handwerk beherrscht. Sprichwörtlich kann man schnell zwischen die Mühlsteine geraten. Einen Mühlstein für eine Senfmühle herzustellen erfordert aber eher Geduld. Die hohe Senfqualität rechtfertigt jedoch den immensen Aufwand. Ein Hoch auf die fast vergessene Mühlsteinbauerzunft!

Auf die Beigaben kommt es an! 
Wo man ganz einfach seinen Senf dazu geben sollte.

Cumberland Sauce

(auch hier gehört der Senf dazu), als leckere Beigabe z. B. zu kalten Wildspeisen

Zutaten
für etwa 0,5 l Sauce

2	ungespritzte Orangen
4 Stück	Würfelzucker
1/8 l	Rotwein
250 g	rotes Johannisbeergelee
2 TL	Orangensenf
1 Prise	Rosenpaprika

Eine Orange mit Würfelzucker abreiben, dann dünn schälen und die Schale in sehr dünne Streifen schneiden. Beide Orangen auspressen, den Saft mit dem Rotwein und dem Würfelzucker erhitzen, bis sich der Zucker gelöst hat.

Das Johannisbeergelee, den Orangensenf und den Rosenpaprika mit dem Schneebesen nahezu schaumig rühren und dann mit dem Orangen-Rotwein-Ansatz mischen. Zuletzt die Streifen der Orangenschale (Zeste) unterrühren.

Und wenn es einmal ganz schnell gehen muss:

Eilige Cumberland-Sauce

Zutaten
für einen Viertelliter Sauce

1 Tasse	rotes Johannisbeergelee
1 Tasse	Rotwein
2 EL	Orangensenf
2 EL	Preiselbeerkompott
1	Schale einer Pomeranze (Bitterorange)

Alle Zutaten gut verrühren. Zum Schluss die in sehr feine Streifen geschnittene Pomeranzenschale unterheben.

Goethes Frankfurter Grüne Sauce

Zutaten
für etwa einen halben Liter

4	hart gekochte Eier
2 EL	Speiseöl
150 g	Crème fraîche
10	Spinatblätter
1	nicht zu große Zwiebel
3 EL	fein geschnittene Schnittlauchröllchen
1 EL	jeweils fein gehackte Zitronenmelisse, Pimpinelle, Borretsch, Dill, Kerbel, Estragon, Basilikum, Petersilie
oder 1	frischer Kräuterbund „Frankfurter Grüne Sauce“
1 TL	Küchensenf
4–6 EL	Sahne
1 EL	Kräuteressig,
etwas	Salz und Pfeffer

Die gepellten Eier werden halbiert, das Eiweiß fein gehackt, das Eigelb durch ein Sieb gestrichen. Unter das Eigelb rührt man mit dem Schneebesen das Öl und die Crème fraîche.

Die Spinatblätter werden im heißen Salzwasser 2–3 Minuten abgewellt (blanchiert) und anschließend ebenfalls fein gehackt. Gemeinsam mit der in feine Würfel geschnittenen Zwiebel rührt man sie unter die Sauce.

Nun kommen die fein geschnittenen Kräuter Schnittlauch, Zitronenmelisse, Pimpinelle, Borretsch, Dill, Kerbel, Estragon, Basilikum und Petersilie dazu. Küchensenf, Sahne und das gehackte Eiweiß werden miteinander vermischt und zum Schluss untergehoben.

Diese Sauce kann sehr vielseitig eingesetzt werden. Hauptsächlich reicht man sie zu kaltem Braten oder Geselchtem, aber auch zu Eier- und Fischgerichten.

Exotische Senffrüchte

als Beilage für allerlei Fleischgerichte

300 g Zucker mit 1/8 l Wasser zum Kochen bringen und etwa 15 Minuten köcheln lassen.

Die Mango schälen, den Stein herauslösen und das Fruchtfleisch in etwa 1 cm dicke Spalten schneiden. Die geschälte Ananas vom Strunk befreien und das Fleisch in nicht zu große Würfel schneiden. Die Karambola halbieren und in Scheiben schneiden. Die Papaya schälen, halbieren und entkernen, danach in fingerdicke Spalten schneiden. Die Nashi werden gewaschen, halbiert, vom Kerngehäuse befreit und ebenfalls in Spalten geschnitten. Die gewaschenen Limetten schneidet man in 3–4 mm dicke Scheiben.

Die Früchte in der Reihenfolge ihrer Garzeit (Limette, Ananas, Mango, Papaya, zuletzt Karambola und Nashi) im Zuckerwasser garen, dann den Topf vom Feuer nehmen. Parallel wird der restliche Zucker mit dem Essig erhitzt und sirupartig eingekocht.

Vom Feuer genommen wird der Orangensenf untergerührt. Nun den Sirup zu den Früchten geben. Die Senffrüchte heiß in sterile Twist-Off-Gläser füllen, Gläser verschließen und mindestens 2 Tage durchziehen lassen. Die Früchte kann man im ungeöffneten Zustand bis zu 6 Monate kühl lagern.

Zutaten

für ca. 1 kg Senffrüchte

1	feste Mango
1	mittelgroße Ananas
1	Karambola
1	Papaya
2	Nashi
2	Limetten
425 g	Zucker
8 cl	Weinessig
3 EL	Orangensenf

Senfbirnen nach einem alten Hausrezept

Zutaten

1 kg	feste Birnen vorzugsweise Bosc's Flaschenbirne bzw. Kaiserkrone
ca. 100 g	Meerrettichstange
1	Lorbeerblatt
3	Pimentkörner
3 g	schwarze Pfefferkörner
3 g	Gewürznelken
40 g	gelbes Senfmehl
600 ml	Weinessig

Die Birnen werden gewaschen, trocken gerieben und ungeschält geviertelt. Das Kerngehäuse und den Blütenansatz schneidet man heraus. Im kalten Wasser werden die Birnenviertel angesetzt und so lange gekocht, bis sie sich mit einer Rouladennadel leicht durchstechen lassen.

Die Meerrettichwurzel wird geschält und in dünne Scheibchen geschnitten. Das Senfmehl verrührt man mit dem Essig.

Nachdem die Birnen erkaltet sind, legt man sie in einen Steinguttopf, streut die Gewürze sowie den Meerrettich dazwischen und gießt die Essig-Senfmehl-Mischung über die Birnen. Man bindet den Topf mit etwas Leinen zu und stellt ihn an einen kühlen Ort. Nach 3–4 Tagen schmecken die Birnen schon sehr gut zu kaltem gebratenen Geflügel, Geflügelkasseler, aber auch zu kaltem Schweinebraten.

Liptauer Käse – ein leckerer Brotaufstrich oder herzhafter Dip für allerlei Salate

Wünscht man einen Salatdip, benötigt man zusätzlich noch einmal 1/8 l saure Sahne.

Den Quark durch ein Sieb streichen. Die Butter rührt man mit dem Rührgerät schaumig, gibt den durchgestrichenen Quark und den Kräutersenf dazu wie auch das edelsüße Paprikapulver, Pfeffer, Salz, Kümmel, gehackte Kapern und die feinen Zwiebelwürfel. Zum Schluss wird die saure Sahne untergerührt.

Das Ganze muss so lange bearbeitet werden, bis es eine ganz glatte Masse geworden ist. Wenn der Liptauer Käse als Brotaufstrich genutzt werden soll, formt man ihn portionsgerecht zu kleinen Haufen oder Kugeln, die in Schnittlauchröllchen gewälzt werden. Vor dem Servieren legt man den Liptauer Käse in jedem Fall zum Festwerden für ca. 2 Stunden in den Kühlschrank.

Wer Liptauer Saucendip wünscht, rührt zusätzlich 1/8 l saure Sahne unter die Masse und bestreut diese mit Schnittlauch.

Dieser Dip eignet sich für die verschiedensten Rohkostsalate oder unter anderem auch für Fleischfondue.

Zutaten für 4 Portionen

250 g	Quark
125 g	weiche Butter
1 EL	edelsüßes Paprikapulver
etwas	frisch gemahlener schwarzer Pfeffer
1/4 TL	Salz
2 TL	Kümmel
1 TL	Kräutersenf
1 TL	fein gehackte Kapern
1 EL	fein gehackte Zwiebeln
1/8 l	saure Sahne
3 EL	fein geschnittener Schnittlauch

Gibt es eine deutsche Senf-Hauptstadt?

Wenn man die sprichwörtliche Bedeutung des Senfdazugebens heranzieht, so könnte man meinen, Berlin sei auch unsere Senf-Hauptstadt. Uns geht es aber um das Produkt, und da ist die Sachlage eine ganz andere. Wir senfbegeisterten Thüringer hätten die Metropole auch sehr gerne im Lande, aber wir sehen nach eingehender Betrachtung ein, dass die deutsche Senf-Hauptstadt wohl doch am Rhein zu suchen ist. Sie beruht auf den großen, alten Senfzeiten. In der ersten Hälfte des zwanzigsten Jahrhunderts gab es in Düsseldorf rund ein Dutzend Senffabriken. Senioren erinnern sich dabei an alte Marken wie Frenzel, Radschläger, ABB und von der Heiden. Noch heute werden beträchtliche Mengen vom Löwensenf produziert und von Düsseldorf in die ganze Welt verschickt. Dabei steht der „Düsseldorfer" meist für extra scharf, obwohl selbstverständlich auch dort die Produktionspalette weit mehr Geschmacksrichtungen umfasst.

Der Düsseldorfer Senfhersteller Otto Frenzel schrieb übrigens Senf-Geschichte, indem er die Schale der scharfen, dunklen Senfsaat entfernte und so besonders scharfen Senf mit der beliebten hellen Farbe herstellen konnte. Wie zu erwarten ist, hat der Senf in der Regionalküche seine Spuren hinterlassen. So findet man in den berühmten Brauhäusern der Altstadt den beliebten Senfrostbraten, und die mit altem Gouda belegten Röggelchen brauchen den Senf so wie unsere Rostbratwurst.

Die Saucenklassiker mit dem Senfkick

1. Senfsauce, damit z. B. gekochte oder pochierte Eier mindestens so gut wie bei Mutter schmecken

In der ausgelassenen Butter werden die fein geschnittenen Schalotten- oder Zwiebelwürfel angeschwitzt und mit dem Mehl angestäubt. Das Ganze sollte keine Farbe nehmen, aber gut durchschwitzen. Senf, Brühe und Kochsahne zugeben und unter ständigem Rühren mit dem Schneebesen zum Kochen bringen. Mit Salz, Pfeffer, wenig Zucker und Zitronensaft nach Geschmack würzen. Mit dem Pürierstab die Sauce ganz glatt und etwas schaumig aufrühren. Steht die Sauce einige Zeit bis zum Auftragen, kann man die Hautbildung durch Aufsetzen von einigen Butterflöckchen verhindern.

Zutaten für 1/2 Liter Sauce

30 g	Butter
1	Schalotte oder kleine Zwiebel
30 g	Mehl
3 EL	Küchensenf
3/8 l	Fleischbrühe
1/8 l	Küchensahne
etwas	Zitronensaft nach Geschmack, Salz, Pfeffer
1 Prise	Zucker

2. Kalte Senfsauce zu Bratenaufschnitt, Blatt- und Gemüsesalaten

Die Eigelbe werden mit dem Senf und dem Essig vermischt und mit Pfeffer und Salz gewürzt. Mit dem Schneebesen oder mit dem Rührgerät leicht schaumig schlagen und das Öl vorsichtig unterrühren. Die Zutaten sollten die gleiche Temperatur besitzen, damit sie sich gut miteinander verbinden. Nun die Schlagsahne halbfest schlagen und unterheben. Nochmals abschmecken. Der Verwendung entsprechend kann der Schärfegrad des Senfes variieren. Zum Bratenaufschnitt darf der Senfgeschmack etwas kräftiger ausfallen als bei der Salatsauce.

Zutaten für 1/2 Liter Sauce

2	Eigelb
2 EL	Senf
2 EL	Weinessig
1/4 l	Speiseöl
1/8 l	Schlagsahne
etwas	Salz, Pfeffer

Inhaber Alexander Kühn

Senf trifft Schokolade

Der Senf erobert nun auch die Feinkost und sogar Desserts. Senf muss nicht immer herzhaft sein, aber er darf auch nicht zu sehr vorschmecken, erfuhren wir vom Fachmann Alexander. Ein leichter Senfgeschmack im Abgang ist sein Geheimnis bei seiner Senfkreation, der Grappa-Senf-Praline.

Gemäß seinem Motto „weniger ist mehr" produziert er seine Schokoladenvariationen der besonderen Art. Für das Senfkochbuch stellte er sein persönliches Rezept zur Verfügung.

Goldhelm Schokoladenmanufaktur
handgeschöpfte Schokolade hergestellt auf der Erfurter Krämerbrücke

Grappa-Senf-Pralinen

Für die Cremefüllung die Sahne aufkochen und beide Kuvertüren darin schmelzen, in eine Schüssel füllen, mittels eines Pürierstabs gut verrühren und abkühlen lassen. Die Butter cremig rühren, mit Grappa und Senf aromatisieren und hinzugeben. Die Canache über Nacht stehen lassen. Mit einem Teelöffel kleine Kugeln formen. Die Kuvertüre zum Umschließen nach Anleitung auf der Verpackung temperieren (bei ca. 32 Grad). Mit Hilfe einer Gabel die Kugeln nun mit Kuvertüre umschließen, überschüssige Kuvertüre am Topfrand abstreifen und die Pralinen auf Backpapier absetzen.

Tipp: Bei der Pralinenherstellung sollte die Küche nicht zu warm sein.

Für die Füllung (Canache)

60 ml	Sahne
90 g	weiße Kuvertüre
30 g	dunkle Kuvertüre
20 g	Butter
4 cl	Grappa
1 TL	mittelscharfen Senf

Zum Umschliessen der Füllung

500 g	dunkle Kuvertüre

Legende

Chiffonade	in feine Streifen geschnittene Salatblätter
Chutney	Würzpaste aus Gemüse oder Früchten hergestellt, wird oft scharf und orientalisch gewürzt
cl	Zentiliter
EL	Esslöffel
g	Gramm
Geselchtes	Österreichisch für geräuchertes Fleisch
Halbseidene Kartoffelklöße	Klöße aus gekochten Kartoffeln
kg	Kilogramm
Kurkuma	auch Gelbwurz genannt. Mit dem Ingwer verwandte Pflanze, färbt wie Safran Speisen gelb. Pikantes, leicht bitteres Aroma
l	Liter
Legieren	Saucen oder Suppen mit einer Eigelb-Sahne-Mischung (Liaison) binden
Mehlieren	im Mehl wenden
Parieren	Fleisch oder Fisch von Fett, Haut, Sehnen und Gräten befreien

Passieren	durch ein Sieb gießen, um Rückstände abzuseihen
Plattieren	flach klopfen
Pochieren	Speisen in Flüssigkeit knapp unterhalb des Siedepunktes gar ziehen lassen
Rotisseur	Bratenkoch
Salamander	Grill nur mit Oberhitze zum Überbacken von Gerichten
Saucieren	mit Sauce überziehen oder umgießen
Sauteuse	Schwenkpfanne aus Gusseisen oder Edelstahl mit hohem Rand zum schnellen Braten von Fleischstücken und Schwenken von Gemüse
Schweinenetz	feines netzartiges Fettgewebe aus dem Bauchfell des Schweins. Kann beim Schlachter bestellt werden.
Smetana	russisches Milchprodukt ähnlich unserem Schmand
Sugo	ursprünglich italienische Nudel- oder Pastasauce
TL	Teelöffel
Zamette	Thüringer Kartoffelplätzchen mit gehackten Kräutern
Zeste	Feine Streifen von der Schale unbehandelter Zitrusfrüchte

Impressum

1. Auflage November 2005

www.rene-burkhardt.de

Text undRezepte
Herbert Frauenberger
www.zentrum-des-guten-geschmacks.de

Lektor
Ulrich Völkel, Weimar

Layout, Satz & Food-Fotografie
Sabrina Frauenberger, Erfurt
www.ideenwiese.de

Illustrationen
Friedericke Kislinger, Erfurt

Fotografie Objekt/Stilleben/Location
Seite 1, 2, 11–13
Hans P. Szyszka, Erfurt

Druck
Druckhaus Gera GmbH

ISBN 3-937981-12-8